Josef Imbach · Wem gehört Jesus?

Josef Imbach

Wem gehört Jesus?

Seine Bedeutung für Juden, Christen und Moslems

Kösel

CIP-Titelaufnahme der Deutschen Bibliothek

Imbach, Josef:
Wem gehört Jesus? : seine Bedeutung für Juden, Christen und Moslems / Josef Imbach. – München : Kösel, 1989
ISBN 3-466-20306-6

Gesamtherstellung: Kösel, Kempten
Umschlag: Elisabeth Petersen, Glonn,
unter Verwendung eines Bildes von
Georges Rouault »Haupt Christi«
ISBN 3-466-20306-6

Inhalt

Einführung

Bevor der gläubige Jude sein Morgengebet spricht, legt er sich die Gebetsriemen an. An diesen befestigt sind kleine Kapseln mit vier auf Pergamentstreifen geschriebenen Bibeltexten (Ex 13,2–10; 11–16; Dtn 6,4–9; 11,13–21). Mittels der Riemen werden diese Kapseln auf der Stirn und am linken Arm, auf der Seite des Herzens, festgebunden.

Wenn ein Muslim fünfmal am Tag sein Pflichtgebet verrichtet, breitet er vorher einen Teppich oder ein Kleidungsstück oder etwas Ähnliches auf dem Boden aus und läßt sich darauf nieder.

Ein Christ mag angesichts dieses für ihn sonderbaren Gehabens den Kopf schütteln. In der Regel weiß er ja nicht, daß im Judentum jene Bibelstellen wörtlich verstanden werden, die davon handeln, daß Gottes Großtaten seinem Volk ins Herz und auf die Stirn geschrieben und ans Handgelenk gebunden sind (vgl. Ex 13,9.16; Dtn 6,8; 11,18). Ebensowenig kennt sich ein Christ wahrscheinlich in den islamischen Gebetsvorschriften aus, nach welchen der Beter, wenn er sich nicht in die Moschee begeben kann, für sich selber einen Kultort herrichten muß, indem er auf dem Boden einen Teppich ausbreitet.

Wie viele Christen machen sich wohl Gedanken darüber, ob nicht auch ihre religiösen Auffassungen und kultischen Übungen bei den Anhängern anderer Religionen auf Unverständnis stoßen müssen? Wie reagieren beispielsweise Juden und Muslime beim Anblick eines Katholiken, der am Samstagnachmittag eine Kirche betritt, seine rechte Hand in ein Wasserbecken taucht und sich anschließend mit den gewaschenen Fingern über Stirn, Brust (oder Bauch) und Schultern fährt, mit einem Knie schnell den Boden berührt und sich dann in einen dunklen Kasten begibt, um dem dort eingesperrten Mann einen kurzen Besuch abzustatten?

Nicht nur die religiöse Praxis, sondern auch die Glaubensüberzeugungen anderer werden nicht selten um so befremdlicher empfunden, je fragloser man den eigenen Glauben bejaht. Aber gibt es überhaupt einen Glauben, der keinerlei Fragen mehr zuläßt? Ist es für einen

Christen wirklich so selbstverständlich, daß das Heil aller Menschen aller Zeiten ausgerechnet an den Zimmermannssohn aus Nazaret gebunden sein soll, der im Hinterhof der damaligen Welt ein paar galiläische Hinterweltler überzeugte, die nach seinem kläglichen Scheitern Hals über Kopf die Flucht ergriffen? Gewiß kann und muß man anderseits zurückfragen, warum denn gerade dieser Gescheiterte schon so kurz nach seinem schmählichen Kreuzestod als Messias und Erlöser der ganzen Menschheit verkündet werden konnte. Doch ist damit die Wahrheit des christlichen Glaubens sozusagen aus sich heraus schon erwiesen? Die Anhänger des Judentums jedenfalls erwarten weiterhin in ungebrochener Hoffnung auf den Messias, während Muḥammad fast sechshundert Jahre nach Jesu Tod eine neue Religion begründete, die sich zeitweise nicht weniger schnell ausbreitete als das Christentum und deren Wahrheit für ihre Anhänger außer Frage steht.
Jede der drei großen monotheistischen Religionen kennt wichtige Rechtfertigungsgründe, die sich – zumindest aus der Sicht ihrer Anhänger – kaum widerlegen lassen. Gotthold Ephraim Lessing (1729–1781) hat diese Tatsache in seiner berühmten Ringparabel (in »Nathan der Weise«, 3. Aufzug, 7. Auftritt) dahingehend gedeutet, daß diese drei Religionen letztlich nur verschiedene geschichtliche Konkretisierungen menschlicher Religiosität seien. Er vergleicht den Gottesglauben mit einem Ring, der über Generationen hin vom Vater auf den Sohn vererbt wird.

So kam nun dieser Ring, von Sohn zu Sohn,
Auf einen Vater endlich von drei Söhnen,
Die alle drei ihm gleich gehorsam waren,
Die alle drei er folglich gleich zu lieben
Sich nicht entbrechen konnte. Nur von Zeit
Zu Zeit schien ihm bald der, bald dieser, bald
Der dritte – so wie jeder sich mit ihm
Allein befand, und sein ergießend Herz
Die andern zwei nicht teilten – würdiger
Des Ringes, den er denn auch einem jeden
Die fromme Schwachheit hatte zu versprechen.
Das ging nun so, solang es ging. – Allein

Es kam zum Sterben, und der gute Vater
Kömmt in Verlegenheit. Es schmerzt ihn, zwei
Von seinen Söhnen, die sich auf sein Wort
Verlassen, so zu kränken. – Was zu tun? –
Er sendet insgeheim zu einem Künstler,
Bei dem er nach dem Muster seines Ringes
Zwei andere bestellt und weder Kosten
Noch Mühe sparen heißt, sie jenem gleich,
Vollkommen gleich zu machen. Das gelingt
Dem Künstler. Da er ihm die Ringe bringt,
Kann selbst der Vater seinen Musterring
Nicht unterscheiden. Froh und freudig ruft
Er seine Söhne, jeden insbesondre,
Gibt jedem insbesondre seinen Segen –
Und seinen Ring – und stirbt.

Denn was noch folgt, versteht sich ja von selbst. –
Kaum war der Vater tot, so kömmt ein jeder
Mit seinem Ring, und jeder will der Fürst
Des Hauses sein. Man untersucht, man zankt,
Man klagt. Umsonst: der rechte Ring war nicht
Erweislich. – Fast so unerweislich als
Uns itzt – der rechte Glaube. –

Läßt sich die Wahrheitsfrage bis ans Ende der Zeiten vertragen? Läßt sich ein ganzes Menschenleben auf ein Vielleicht gründen, das zudem, wenn man konsequent weiterdenkt, nicht nur den Wahrheitsanspruch der eigenen Religion, sondern *jede* Religion (»Eure Ringe sind alle drei nicht echt...«) und, wiederum konsequent gedacht, deren Grundlage überhaupt – also Gottes Existenz selber – betrifft? Sucht der Mensch nicht vielmehr Gewißheiten, für die es sich wirklich lohnt zu leben – und zu sterben?
Diese Fragen und die mit ihnen verbundenen Probleme werden in diesem Buch ausführlich behandelt. Dabei wird es dem Leser nicht entgehen, daß der Verfasser sich vom christlichen Standpunkt aus mit dem Phänomen Religion und den konkreten religiösen Erscheinungsformen auseinandersetzt, und zwar in sehr sachlicher Weise. Sachlichkeit (›Objektivität‹) erreicht man bekanntlich nicht dadurch, daß man

die eigenen Denkvoraussetzungen und persönlichen Überzeugungen einfach ausblendet (was gar nicht möglich ist), sondern indem man sich ihrer bewußt bleibt.

Das vorliegende Buch befaßt sich hauptsächlich mit der Stellung Jesu in den drei großen monotheistischen Religionen. Aus der Tatsache, daß Jesus aus christlicher Sicht die Fülle von Gottes Offenbarung darstellt, ergibt sich eine ganze Reihe von Fragen, die im ersten und in den beiden letzten Kapiteln wenigstens andeutungsweise behandelt werden: Welcher Zusammenhang besteht zwischen dem Absolutheitsanspruch des Christentums als »einzig wahrer Religion« und den absolutistischen Mitteln und Methoden, mit denen es diesen Anspruch häufig durchzusetzen versuchte (und so die Absichten seines Gründers verriet)? Unterscheidet sich das Gottesbild Jesu von dem des Judentums und des Islams wirklich so grundlegend, wie man gemeinhin annimmt? Ist Jesus tatsächlich der »einzige Mittler zwischen Gott und den Menschen« (1 Tim 2,5), wenn es auch in andern Religionen echte – und das heißt göttliche! – Offenbarung gibt?

Daß die folgende Darstellung sich auf das Wesentliche beschränken muß liegt auch daran, daß es nicht *das* Judentum, *das* Christentum und *den* Islam gibt. Vielmehr existieren ja innerhalb dieser Religionen selbst wiederum teilweise sehr unterschiedliche Richtungen und Bewegungen, denen ein zusammenfassender und vergleichender Überblick unmöglich Rechnung tragen kann.

Um einen solchen Überblick aber handelt es sich hier, der nicht Apologetik oder gar Polemik betreiben, sondern Information und Orientierung bieten will, wobei sowohl die *Lehrunterschiede* wie auch – im Rahmen des Möglichen – die *Lehrentwicklungen* in die Darstellung miteinbezogen werden.

Erst eine nähere Kenntnis anderer Religionen erlaubt es, Vorurteile zu revidieren und Mißverständnisse zu korrigieren. Außerdem vermag die Auseinandersetzung mit anderen Ansichten viel zu einem besseren Verständnis der eigenen Position beizutragen. Ein Gespräch zwischen den Religionen ist allerdings nur in einem Klima der Toleranz möglich, welches da gegeben ist, wo man fremden Überzeugungen mit der gleichen Aufgeschlossenheit begegnet, die man seitens anderer für sich selber erwartet – und wenn man die Überzeugungen Andersdenkender auch dann respektiert, wenn man sie selber nicht teilen kann.

1 Von der Polemik zum Dialog

Zu den bemerkenswertesten Dokumenten des Zweiten Vatikanischen Konzils gehören zweifellos das Ökumenismusdekret »Unitatis redintegratio« (verabschiedet am 21. November 1964), die Erklärung über das Verhältnis der Kirche zu den nichtchristlichen Religionen »Nostra aetate« (28. Oktober 1965) und die Erklärung über die Religionsfreiheit »Dignitatis humanae« (7. Dezember 1965).

Sozusagen ein Präludium zu diesen Dokumenten stellt die am 5. Juni 1960 erfolgte Errichtung des Einheitssekretariats (Segretariato per l'unità dei cristiani) durch Johannes XXIII. dar, welches die Beziehungen zwischen der katholischen Kirche und den übrigen christlichen Konfessionen pflegen und vertiefen soll. Der Bekräftigung und Vertiefung der erwähnten Konzilsbeschlüsse hingegen diente die Errichtung zweier weiterer Sekretariate durch Paul VI. am 6. Januar 1966, von denen eines dem Dialog mit den Nichtchristen, das andere dem Gespräch mit den Nichtgläubigen eine institutionelle Basis verschaffen sollte.

Die historische Bedeutung dieser theoretischen Verlautbarungen und praktischen Vorkehrungen wird erst dann richtig deutlich, wenn man den Vergleich zu früher zieht.

So bezeichnete Papst Pius XI. in seiner 1928 erschienenen Enzyklika »Mortalium animos« die an der Ökumene Interessierten despektierlich als »panchristiani«, was man am zutreffendsten mit dem Begriff »Allerweltschristen« übersetzt. Das 1917 promulgierte und bis zum Erscheinen des neuen Kodex im Jahre 1983 gültige Kirchenrecht verbot den Katholiken, ohne Erlaubnis des Papstes oder des zuständigen Bischofs an religiösen Diskussionen mit Nichtkatholiken teilzunehmen (can. 1325 § 3).

Der von Pius IX. im Jahre 1864 veröffentlichte »Syllabus« (eine Art Verzeichnis von »modernistischen Irrtümern«) verurteilte die Ansicht als häretisch, nach welcher es den Menschen freistehe, sich zu einer Religion zu bekennen, von deren Wahrheit sie überzeugt seien (DS

2915)[1]. In seinem Rundschreiben »Quanta cura« erklärte der gleiche Papst im gleichen Jahr die Forderung nach Gewissens- und Religionsfreiheit als unvereinbar mit der kirchlichen Lehre (D 1690). Dabei beruft er sich ausdrücklich auf die Enzyklika »Mirari vos arbitramur« von Papst Gregor XVI. aus dem Jahre 1832, in welcher dieser das Recht auf Gewissensfreiheit als »unsinnige Ansicht oder vielmehr als Wahnsinnsidee« (absurda ac erronea sententia seu potius delireamentum; DS 2730) und als »äußerst verderblichen Irrtum« (pestilentissimus error; DS 2731) brandmarkt. Gewiß, diese Äußerung erfolgte im Hinblick auf die Forderung nach einer *extrem* ethischen Autonomie der menschlichen Vernunft und in bezug auf den neuzeitlichen Indifferentismus. Aber diese Tatsache entschuldigt nicht die indifferenzierte Haltung des kirchlichen Lehramts und dessen Blindheit gegenüber der Würde des menschlichen Gewissens.

Von Gregor XVI. führt die Linie geradewegs zurück zu Leo X., der in seiner Bulle »Exurge Domine« im Jahre 1520 eine Reihe von Sätzen Martin Luthers als mit dem katholischen Glauben unvereinbar qualifizierte – so unter anderen die Äußerung des Reformators (und hier erliegt der Leser keiner optischen Täuschung), daß es gegen den Willen Gottes sei, die Ketzer zu verbrennen (DS 1483).

Daß man Andersdenkenden damals nicht gerade die eigenen Kirchenräume zur Verbreitung ihrer Lehren zur Verfügung stellte, ist aus heutiger Sicht verständlich (so wie ja auch Luther nicht im Traum daran dachte, daß dereinst katholische Priester im Zuge eines ›Kanzeltausches‹ vor einer protestantischen Gemeinde predigen würden). Verständlich und in etwa nachvollziehbar mutet uns heute auch die Tatsache an, daß man die Gläubigen vor dem Umgang mit ›Irrlehrern‹ warnte. Aber – um es gelinde auszudrücken – einigermaßen befremdlich erscheint die Entscheidung des dritten Laterankonzils im Jahre 1179, welches den Gläubigen bei Strafe des Kirchenbannes verbot (sub anathemate prohibemus), ihnen in ihren Häusern auch nur Unterkunft zu gewähren oder ihnen zu erlauben, sich auf ihren Besitztümern aufzuhalten oder gar Handel mit ihnen zu treiben (D 401). Entgegen einer weitverbreiteten Ansicht ist das Embargo also keineswegs eine Erfindung Napoleons.

Im übrigen – und damit gehen wir noch einen Schritt weiter zurück in der Geschichte – ließ man es nicht dabei bewenden, Gläubige, welche sich nicht uneingeschränkt zur offiziellen Lehre bekannten, aus der kirchlichen Gemeinschaft auszuschließen. Darüber hinaus strapazierte man auch die Binde- und Lösegewalt (vgl. Mt 18,18) über die Maßen, indem man der Exkommunikation eine ebenso feierliche wie fürchterliche Verfluchung hinzufügte. Die dabei verwendeten Formeln stammen zu einem guten Teil aus dem kirchlichen Strafrecht des Mittelalters. Das folgende Beispiel vermag zu illustrieren, was die Wendung »Anathema sit« (er sei im Banne; er sei ausgeschlossen aus der Kirche) ursprünglich meinte oder zumindest mitmeinte:

»In der Autorität des Allmächtigen Gottes, des Vaters, des Sohnes und des Heiligen Geistes, wie der heiligen Canones, der heiligen und unbefleckten Jungfrau und Gottesgebärerin Maria, aller himmlischen Mächte, der Engel, Erzengel, Throne, Herrschaften, Mächte, Cherubime und Seraphime, der heiligen Patriarchen, Propheten, aller Apostel und Evangelisten, der heiligen Unschuldigen, die allein für würdig befunden wurden, vor dem Lamm das neue Lied zu singen, und der heiligen Märtyrer, der heiligen Bekenner und der heiligen Jungfrauen, und aller Heiligen und Erwählten Gottes zugleich, exkommunizieren und verfluchen wir diesen Dieb oder diesen Übeltäter, und wir entfernen ihn von der Schwelle der heiligen Kirche Gottes, daß er für seine Peinigung in den ewigen Strafen ergriffen werde mit Dathan und Abiron und denen, die da gesagt haben zu unserem Herrn und Gott: Weiche von uns, denn die Kenntnis deiner Wege wollen wir nicht. Und wie Feuer von Wasser gelöscht wird, so soll sein Licht ausgelöscht sein für immer, es sei denn, daß er sich besinnt und zur Genugtuung kommt. Amen. Es verfluche ihn Gott, der Vater, der den Menschen geschaffen hat; es verfluche ihn der Sohn Gottes, der für den Menschen gelitten hat; es verfluche ihn der Heilige Geist, der in der Taufe ausgegossen worden ist. Es verfluche ihn das heilige Kreuz, das Christus im Triumph über seine Feinde zu unserem Heil bestiegen. Es verfluche ihn die heilige Gottesgebärerin und immerwährende Jungfrau Maria, es verfluche ihn der heilige Michael, der Geleiter der heiligen Seelen; mögen ihn verfluchen alle Engel und Erzengel, Herrschaften und Mächte und die gesamte Miliz des himmlischen Heeres. Es verfluche ihn der heilige Johannes, der Vorläufer und große Täufer Christi. Es verfluche ihn der heilige Petrus, der heilige Paulus, der heilige Andreas, alle Apostel Christi [sollen ihn verfluchen], zugleich die übrigen Jünger, auch die vier Evangelisten, die durch ihre Predigt die ganze Welt bekehrt haben. Es verfluche ihn die wunderbare Schar der Märtyrer und Bekenner, die durch ihre guten Werke [für Gott] wohlgefällig befunden wurden. Verfluchen sollen ihn die Chöre der heiligen Jungfrauen, die um der Ehre Christi willen die Eitelkeiten dieser Welt verabscheut haben. Verfluchen sollen ihn alle Heiligen, die vom Beginn der Welt an in alle Ewigkeit als von Gott geliebt erscheinen. Verfluchen sollen ihn Himmel und Erde und alles Heilige, das es darin gibt. Er sei verflucht, wo immer er sich befinden mag, im Haus, auf dem Feld, auf der Landstraße, auf dem Feldweg, im Wald, im Wasser, in der Kirche. Er sei verflucht, wenn er stirbt, wenn er ißt, wenn er trinkt, wenn er hungert, wenn er dürstet, wenn er fastet, wenn er einschläft, wenn er schlummert, wenn er wach ist, wenn er geht, wenn er steht, wenn er sitzt, wenn er liegt, wenn er arbeitet, wenn er ruht, wenn er pißt, wenn er scheißt, wenn ihm zur Ader gelassen wird. Er sei verflucht in allen Kräften seines Körpers. Er sei verflucht inwendig und auswendig, verflucht in den Haaren, verflucht im Gehirn, verflucht im Scheitel, in den Schläfen, in der Stirn, in den Ohren, in den Augenbrauen, in den Augen, in den Wangen, in den Kinnladen, in den Nasenflügeln, in den Schneidezähnen, in den Mahlzähnen, in den Lippen, in der Gurgel, in den Handgelenken, in den Armen, in den Händen, in den Fingern, in der Brust, im Herzen, in allen Eingeweiden bis zum Magen hinunter, in den Nieren, in den Weichen, in den Schenkeln, in den Geschlechtsteilen, in den Hüften, in den Knien, in den Beinen, in den Füßen, in den Knöcheln, in den Zehennägeln. Verflucht sei er in allen Bändern seiner Glieder, vom Scheitel des Kopfes bis zur Fußsohle sei nichts Gesundes an ihm. Es verfluche ihn Christus, der Sohn des lebendigen Gottes, mit der ganzen Macht seiner Majestät; es erhebe sich gegen ihn der Himmel mit allen Mächten, die sich bewegen um ihn zu verdammen, wenn er nicht Buße tut und Genugtuung leistet. Amen, so sei es, so sei es! Amen.«[2]

Zweifellos hat das kirchliche Lehramt nicht nur das Recht, sondern auch die Pflicht, über die Glaubenslehre zu wachen. Daraus folgt notwendigerweise, daß dieses Lehramt jemandem, der in grundsätzlichen Fragen von der kirchlichen Lehre abweicht, die Zugehörigkeit zur

Glaubensgemeinschaft abspricht. Genauer gesagt: das Lehramt stellt lediglich fest, daß sich jemand, der *hartnäckig*[3] schwerwiegende Irrtümer vertritt, selbst außerhalb der Kirche stellt.
Für unsere Problemstellung (Religions- und Gewissensfreiheit) aber ist hier eine andere Beobachtung von Bedeutung: Je weiter wir in der Geschichte zurückgehen, um so ungeteilter ist die Macht der Kirche und um so intoleranter gleichzeitig ihre Haltung gegenüber Andersdenkenden. Diese Intoleranz, auf deren *theologische* Wurzeln noch zurückzukommen sein wird, wirkte sich zunächst auf der Ebene der Lehre aus, und diese bildete dann das theoretische Fundament für den Versuch einer praktischen Durchsetzung des Anspruchs auf ungeteilte Gefolgschaft.
Einige geschichtliche Beispiele vermögen das in etwa zu veranschaulichen: die Verfolgung der Juden, der Krieg gegen die Muslime und die rücksichtslose Eliminierung Andersdenkender.

Verfolgung der Juden

Die judenfeindliche Haltung der Kirche läßt sich nach einer weitverbreiteten Ansicht bis ins Neue Testament hinein zurückverfolgen. Vorwiegend wird dabei auf Paulus verwiesen[4], dem man oft vorgeworfen hat, durch die Verwerfung des (jüdischen) »Gesetzes« zugunsten von »Christus« (vgl. Gal 2,21) oder, auf anderer Ebene, durch die Lehre von der Rechtfertigung nicht aus (vom Gesetz vorgeschriebenen) »Werken«, sondern einzig durch den »Glauben« (Röm 3,27f.) die theologischen Grundlagen für den kirchlichen Antijudaismus geschaffen zu haben.
Solche Anschuldigungen entbehren jedoch jeglicher Grundlage. Sie übersehen, daß Paulus, obwohl er zu wiederholten Malen von der »Verstockung« Israels redet (vgl. u.a. Röm 10,2f.18f.), sein Volk niemals vom messianischen Heil ausschließt, sondern, im Gegenteil, davon überzeugt ist, daß »ganz Israel gerettet wird« (Röm 11,26) und daß die »Verstockung« *eines Teils* Israels nur solange dauert, »bis die Heiden in voller Zahl das Heil erlangt haben« (Röm 11,25). Außerdem entwickelt Paulus die Basissätze seiner Gesetzes- und Rechtfertigungs-

lehre (Gal 2,11–21) *nicht gegen die Juden,* sondern gegen jene Mitchristen, die die Ansicht vertreten, daß auch die getauften Heiden sich beschneiden lassen und nach den jüdischen Gesetzesvorschriften leben müssen. Tatsache ist, daß Paulus die Bezeichnung »Jude« nie in einem antijüdischen Sinn verwendet.

Weniger eindeutig ist die Sachlage im Johannesevangelium, in dem häufig in einem negativen Zusammenhang von »den Juden« die Rede ist. Gemeint aber sind damit stets nur *einzelne Repräsentanten* des jüdischen Volkes: so die Pharisäer und Hohenpriester (vgl. Joh 7,13 mit 7,32); die Pharisäer und Gesetzeslehrer (vgl. 9,18 mit 9,13.15.16); die Angehörigen der jüdischen Zentralbehörde (10,31.39: diese Stellen ergeben nur einen Sinn, wenn die hier genannten »Juden« Polizeigewalt innehaben!); die Opponenten aus der führenden Schicht (19,15.38; 20,19); die Machthaber, die Jesus eliminieren wollen und *deshalb* als »Teufelssöhne« bezeichnet werden (vgl. 8,44 mit 8,37.40); die Mitglieder des Synedriums (d. h. des Hohen Rates; vgl. 18,35). Was schließlich Jesu Rede über das »Himmelsbrot« betrifft (6,22–59), so gibt diese Szene nicht ein historisches Ereignis wieder, sondern spiegelt die innerkirchliche Situation zur Zeit der Niederschrift des Evangeliums; »die Juden« stehen hier nicht für das jüdische Volk, sondern für die Gegenpartei, gegen deren spiritualisierende Interpretation der Verfasser die ›Realpräsenz‹ (wie man heute sagen würde) Christi im eucharistischen Brot verteidigt. Eine eingehende Analyse des Begriffs ›Juden‹ im vierten Evangelium zeigt: Hier werden die Juden mit den führenden Schichten, vor allem mit den Kreisen der Tempelaristokratie, gleichgesetzt. Diesen Sachverhalt hat die Kirche in der Folge übersehen und Bezeichnungen wie (Gottes-) »Mörder« (vgl. 8,40) und »Teufelssöhne« (vgl. 8,44) auf alle Juden schlechthin angewandt.

Eine Grundlage und Rechtfertigung für dieses Verhalten glaubte man aus einer anderen Schriftstelle herleiten zu können, in der von der sogenannten Selbstverfluchung des jüdischen Volkes die Rede ist und die sich einzig bei Matthäus findet: »Als Pilatus sah, daß er nichts erreichte, sondern daß der Tumult immer größer wurde, ließ er Wasser bringen, wusch sich vor allen Leuten die Hände und sagte: Ich bin unschuldig am Blut dieses Menschen. Das ist eure Sache! Da rief das ganze Volk: Sein Blut komme über uns und unsere Kinder!« (Mt

27,24f.). Gerade diese Äußerung erlaubte es den Christen über Jahrhunderte hin, das jüdische Volk in seiner Gesamtheit als ›Gottesmörder‹ zu verfolgen und das ihm zugefügte Unrecht als Strafe Gottes zu qualifizieren. Historisch betrachtet aber ist es geradezu unwahrscheinlich, daß Pilatus als Vertreter der römischen Staatsmacht einem unterworfenen Volk gegenüber sein Urteil als Justizmord darstellte. Außerdem ist es völlig undenkbar, daß alle anläßlich des Paschafestes in Jerusalem anwesenden Juden, geschweige denn das »ganze Volk« (!) vor Pilatus versammelt war. Wenn diese Stelle aber nicht als historische Schilderung zu verstehen ist – wie dann?

Das Matthäusevangelium entstand, *nachdem* die Römer im Jahre 70 nach Christus in Palästina ein furchtbares Blutbad angerichtet und Jerusalem zerstört hatten. Höchstwahrscheinlich bringt der Evangelist diese nationale Katastrophe mit der Ablehnung Jesu durch das jüdische Volk in Verbindung. Die »Selbstverfluchung« wäre demnach nicht ein historisches Ereignis, sondern eine theologische Interpretation des Untergangs. Franz Mußner bemerkt in diesem Zusammenhang: »Kein Christ kann sich guten Gewissens zur Rechtfertigung seines Antijudaismus auf Mt 27,25 berufen. Wenn Jesu Blut über die Kinder Israels kommt, kommt es über sie als Erlöserblut.«[5]

Gerade diese Tatsache hat die Christenheit entweder gar nicht erkannt oder doch sehr häufig übersehen – und so wurde die Kirche an der vielhundertjährigen Leidensgeschichte des jüdischen Volkes mitschuldig. *Mit*schuldig: denn bekanntlich gab es schon einen vorchristlichen Antijudaismus, der mit dem religiösen Nonkonformismus der Juden zusammenhängt, welcher sich notwendigerweise auch politisch auswirkte – etwa in der Ablehnung des Götter- und Kaiserkultes. Gerade darin übrigens unterschieden sich die Christen der ersten drei Jahrhunderte nicht von den Juden (man bezeichnete sie deswegen als *átheoi*, als Gottlose!). Aber kaum daß das Christentum im römischen Reich zur Staatsreligion erklärt worden war, wurden die ehemals Verfolgten ihrerseits zu Verfolgern. Durch staatliche und kirchliche Gesetze (oder, wie man angesichts des damals beginnenden Bündnisses zwischen Thron und Altar wohl besser sagt, durch staatskirchliche Gesetze) wurden die Juden im Lauf der Zeit praktisch rechtslos. Einerseits gab es wohl Päpste wie Gregor I. (den Großen: 540–604), die eine gemäßigte Judenpolitik betrieben. Anderseits aber muß es doch nachdenklich

stimmen, daß die Eroberung Spaniens durch die Araber im Jahre 711 von den dortigen Juden als Befreiung empfunden wurde.
Schon die ersten christlichen Kaiser nach Konstantin unterwarfen die Juden gesetzlichen Beschränkungen. So war es diesen verboten, christliche Sklaven zu halten oder die Ehe mit einer Christin einzugehen (Konstantius, 339). Von Honorius wurden sie im Jahre 404 vom Heeresdienst und von Theodosios II. 438 von jedem öffentlichen Amt überhaupt ausgeschlossen. Später mußten sie eine besondere Kleidung tragen. Seit dem 11. Jahrhundert wurden sie in Ghettos abgedrängt, eine Maßnahme, welche das 3. Laterankonzil im Jahre 1179 nachhaltig durchzusetzen versuchte. Die Bezeichnung ›Ghetto‹ allerdings stammt erst aus dem Jahre 1516, als die Juden Venedigs in jenen Stadtteil, in dem sich die neue Gießerei, der Ghetto nuovo, befand, umgesiedelt wurden. Als die Beulenpest in den Jahren 1248 –50 in weiten Teilen Europas wütete, bezichtigte man die Juden der Brunnenvergiftung. Dazu gesellten sich ebenso grundlose wie hartnäckige Gerüchte, die sich über Jahrhunderte hin hielten: die Juden würden Kruzifixe verunehren, Hostien schänden, Christenkinder zu rituellen Zwecken schlachten ... Solche Verleumdungen kosteten unzähligen Juden das Leben. Nur am Rande sei vermerkt, daß auch die Reformation keine Verbesserung der Lage brachte. Hatte Luther in seiner Frühzeit die bisherige Behandlung der Juden abgelehnt (»Daß Christus ein geborener Jude sei«; 1523), so forderte er zwanzig Jahre später (»Von den Juden und ihren Lügen«; 1543) aus der Enttäuschung heraus, daß die Juden sich nicht zum Christentum bekehren lassen wollten, die Zerstörung ihrer Häuser, die Inbrandsetzung der Synagogen, die Beschlagnahme ihrer heiligen Schriften und das Gottesdienstverbot unter Todesstrafe ...
Humanismus, Aufklärung und Französische Revolution leiteten zwar die bürgerliche Gleichberechtigung der Juden ein, vermochten aber den Antijudaismus nicht zu bezwingen, der im Holocaust unseres Jahrhunderts ein geradezu dämonisches Ausmaß annahm.
Wie war dies alles möglich? Diese Frage interessiert uns hier nicht unter historischem, psychologischem oder soziologischem Aspekt – was natürlich *auch* von Bedeutung ist für unsere Problemstellung. Wie war dies alles möglich in einer Gesellschaft, welche auf dem Boden des Christentums gewachsen war? Hans Küng bemerkt in diesem Zusammenhang:

»Wir fragen dies jetzt schlicht als Christen, als Angehörige einer Gemeinschaft, die sich – im Gegensatz zum alten Gottesvolk – das neue Gottesvolk nennen will. Wir können diese Frage nicht fragen ohne zu verstummen, vor Scham und Schuld. Könnten wir noch reden wollen, wo Millionen verstummt sind? Um uns zu rechtfertigen in verschämter oder unverschämter Apologetik, die moralisch (Auch die Juden haben Fehler gemacht! Gewiß!) oder historisch (Man muß alles aus der Zeit heraus verstehen! Alles?) oder theologisch (Das war nicht die wahre Kirche selbst! Wer und wo ist denn diese wahre Kirche selbst?) oder gar politisch (Man mußte abwägen, es war opportuner nichts dagegen zu tun! War es auch christlich, evangelisch?) zu argumentieren versucht. Wie weit wird solche Selbstrechtfertigung kommen, beim unermeßlichen Bleigewicht der Schuld? Die Kirche hat Liebe gepredigt und mörderischen Haß gesät, sie hat das Leben verkündet und den blutigsten Tod verbreitet. Und dies gerade an den leiblichen Brüdern dessen, von dem sie es hörte: ›Was ihr dem geringsten meiner Brüder getan, das habt ihr mir getan‹ (Mt 25,40)! Die Kirche stand so zwischen Israel und Jesus und hinderte Israel, ihn als seinen Messias zu erkennen.«[6]

Damit wird nun freilich nicht behauptet, daß die ganze Leidensgeschichte des jüdischen Volkes unter dem Nazismus der Kirche anzulasten wäre. Aber diese Leidensgeschichte ist auch nicht denkbar ohne die Vorgeschichte des kirchlich nicht nur tolerierten, sondern über Jahrhunderte hin auch praktizierten Antijudaismus.

Angesichts dieser Tatsache hat die Kirche sich in der Konzilserklärung über ihr Verhältnis zu den nichtchristlichen Religionen ausdrücklich zu ihrer Schuld bekannt: »Im Bewußtsein des Erbes, das sie mit den Juden gemeinsam hat, beklagt die Kirche, die alle Verfolgungen gegen irgendwelche Menschen verwirft, nicht aus politischen Gründen, sondern auf Antrieb der religiösen Liebe des Evangeliums alle Haßausbrüche, Verfolgungen und Manifestationen des Antisemitismus, die sich zu irgendeiner Zeit und von irgend jemandem gegen die Juden gerichtet haben« (Nr. 4).

Ausdrücklich nimmt die gleiche Erklärung die durch die Jahrhunderte in Predigt und Katechese verbreitete Behauptung zurück, nach welcher die Juden ein Volk von Gottesmördern und als solche von Gott verflucht sind: »Obgleich die jüdischen Obrigkeiten mit ihren Anhän-

gern auf den Tod Christi gedrungen haben (vgl. Joh 19,6), kann man dennoch die Ereignisse seines Leidens weder allen damals lebenden Juden ohne Unterschied noch den heutigen Juden zur Last legen. Gewiß ist die Kirche das neue Volk Gottes, trotzdem darf man die Juden nicht als von Gott verworfen oder verflucht darstellen, als wäre dies aus der Heiligen Schrift zu folgern. Darum sollen alle dafür Sorge tragen, daß niemand in der Katechese oder bei der Predigt des Gotteswortes etwas lehre, das mit der evangelischen Wahrheit und dem Geiste Christi nicht in Einklang steht« (Nr. 4). In diesem Zusammenhang ist auch daran zu erinnern, daß Johannes XXIII. schon 1959 die Fürbitte für die »treulosen Juden« (pro perfidis Iudaeis) wegen ihres beleidigenden Charakters aus der Karfreitagsliturgie gestrichen hatte.
Gleichzeitig besinnt sich das Konzil auf das »Christen und Juden gemeinsame geistliche Erbe« und nimmt sich vor, »die gegenseitige Kenntnis und Achtung [zu] fördern, die vor allem die Frucht biblischer und theologischer Studien sowie des brüderlichen Gesprächs ist« (Nr. 4). Dialog statt Polemik, Annäherung statt Ausgrenzung, Verständnis statt Ablehnung – wenn dieses Programm wirklich weiter verfolgt wird, dann hat tatsächlich ein neues Zeitalter im Zusammenleben zwischen Juden und Christen begonnen[7].

Kriege gegen Andersgläubige

Zu den dunkelsten Kapiteln der Kirchengeschichte gehören nicht nur die zahllosen Verfolgungen Andersgläubiger, sondern auch die zahlreichen Kriege gegen die »Ungläubigen« – so bezeichnete man vom Mittelalter bis zur Zeit des Humanismus die Muslime.
Gemeinhin werden die Religions- oder Glaubenskriege gegen die Anhänger des Islams als Kreuzzüge bezeichnet. Letztlich aber meint dieser Begriff nichts anderes als die Ausbreitung des Glaubens durch das Schwert. Dabei spielten *ursprünglich* die Eroberungsabsichten der abendländischen Staaten im Orient noch keine große Rolle. Ausschlaggebend war das Frömmigkeitsideal der Ritterschaft des 10. bis 13. Jahrhunderts. Dabei wurde die alte germanische Vorstellung der Gefolgschaftstreue gegenüber dem Landesherrn auf den ›Lehensherrn‹ Chri-

stus angewandt. Seine Sache galt es zu verteidigen und ihr zum Sieg zu verhelfen. Die zeitgenössische Ritterdichtung bringt das noch deutlich zum Ausdruck. Erinnert sei an das »Rolandslied«, an den »Heliand« und an Wolfram von Eschenbachs »Parzifal«. Die Zugkraft dieses Frömmigkeitsideals überraschte selbst Papst Urban II. Als der byzantinische Kaiser diesen um Hilfe anging und der Papst im November 1095 auf der Synode zu Clermont in der Auvergne die Christenheit zur Befreiung des heiligen Grabes aufrief, scholl ihm von allen Seiten der Ruf »Deus lo volt« (Gott will es) entgegen. Innerhalb eines Jahres schon stand ein Heer von etwa 30000 Mann bereit, das über Konstantinopel, Kleinasien und Syrien nach Jerusalem zog. 1099 wurde die Stadt erobert – und anschließend ein furchtbares Blutbad angerichtet.

Dieser Ausgang ist charakteristisch für die ganze Kreuzzugsbewegung, die bis gegen Ende des 13. Jahrhunderts andauerte. Immer mehr traten die religiösen Beweggründe zurück; immer weniger war das eigentliche Motiv in der Glaubensverbreitung zu suchen. Handfeste materielle Interessen und politische Erwägungen bestimmten – wenn auch nicht ausschließlich, so doch zu einem guten Teil – diese Kreuz- oder besser Kriegszüge.

Häufig hat eine auf Beschönigung und Harmonisierung bedachte Kirchengeschichtsschreibung versucht, die damals von den Christen verübten Grausamkeiten und Greueltaten aus dem damaligen Zeitgeist heraus zu ›erklären‹ und so zu entschuldigen. Das erweist sich aber schon deshalb als unmöglich, weil, zumindest in einer fortgeschrittenen Phase, durchaus die Überzeugung verbreitet war, daß man den Glauben an Christus keinesfalls mit Gewalt verbreiten dürfe. So drang beispielsweise ein Franz von Assisi im Jahre 1219, während des fünften Kreuzzuges, völlig unbewaffnet im oberägyptischen Damiette mitten ins Lager des Sultans vor, um diesem den Glauben zu predigen und mit ihm über den Frieden zu verhandeln. Gegenüber diesem Vorhaben allerdings reagierte der päpstliche Delegierte, Kardinal Pelagius Galvan, äußerst ablehnend. Für ihn war der Kreuzzug Vollzug des göttlichen Willens – und dabei konnte er sich auf das Vierte Laterankonzil (1215) berufen. Franziskus jedoch beharrte auf seinem Plan, so daß der Kardinal ihm schließlich erlaubte, den Sultan in seinem Heerlager aufzusuchen. Zwar kam es nicht zu seiner Bekehrung, aber die beiden schlossen Freundschaft miteinander. Der Unterschied zwischen dem

kleinen Kaufmannssohn aus Assisi und dem Anspruch der Kirche könnte größer nicht sein: Während die Kreuzfahrer ein Land erobern wollen, versucht Franziskus ein Volk zu bekehren.
Der Gedanke einer gewaltlosen Verbreitung des Glaubens kam, wenn auch auf völlig fehlgeleitete Art, auch im Kinderkreuzzug im Jahre 1212 zum Tragen, als Tausende von Kindern aus Deutschland und Franken aufbrachen und anschließend in die Sklaverei oder in Bordelle verkauft wurden, sofern sie den Anstrengungen nicht schon unterwegs erlegen waren.
Indessen wurden nicht nur die Muslime, sondern auch häretische Bewegungen innerhalb der Kirche, wie etwa jene der Albigenser, mittels der Kreuzzüge bekämpft.
Nach der Lehre der Albigenser ist diese Welt ein Werk des Bösen. Nur eine völlige Weltenthaltung führt zum Heil. Von der Stadt Albi aus (daher die Bezeichnung Albigenser) fand diese Bewegung von der Mitte des 12. Jahrhunderts an vor allem in Südfrankreich große Verbreitung. Weder der heilige Dominikus noch die Legaten, die Innozenz III. seit 1198 wiederholt entsandte, vermochten viel auszurichten. Als einer von ihnen, Peter von Castelnau, 1208 ermordert wurde, rief Innozenz zum Kreuzzug gegen die Albigenser auf. Dieser Kreig gegen sie (1209–29) zeitigte verheerende Wirkungen. Die Albigenser wurden rücksichtslos ausgerottet und fast ganz Südfrankreich verwüstet.
Bei aller begründeten Kritik hinsichtlich der Mittel (Hat Jesus vielleicht jemanden in seine Nachfolge gezwungen; hat er seine Gegner gar umgebracht?) muß man dem Papst immerhin eine gute Absicht zugestehen, insofern es ihm darum ging, die Kirche vor Irrlehren zu bewahren.
In den Türkenkriegen des 15. Jahrhunderts hingegen (Werbereden Pius' II., 1452) herrschte zwar eine *religiöse Motivation* vor, aber das Interesse war fast nur noch *politischer Natur.* Es zielte darauf, die Expansionsversuche der Osmanen zu bremsen. Kaum mehr von religiösen, sondern ausschließlich von politischen Beweggründen schließlich sind die ›Religionskriege‹ seit der Reformation bestimmt (Hugenottenkriege, 1562–98; Dreißigjähriger Krieg, 1618–48), in denen der angebliche Glaubenseifer das religiöse Feigenblatt für massive Machtinteressen darstellte.
Eine gewaltsame Art der Glaubensverbreitung fand zeitweise auch auf

dem Gebiet der Heidenmission statt, vor allem in Mexiko, wo die Franziskaner 1523 den Einheimischen die Verehrung ihrer Gottheiten schlichtweg verboten, und in Paraguay, Uruguay, Argentinien und im portugiesischen Brasilien, wo vor allem zu Beginn der zweiten Hälfte des 16. Jahrhunderts Zwangsbekehrungen und Zwangstaufen an der Tagesordnung waren.
Heute besteht wohl weniger die Versuchung, die eigenen Glaubensvorstellungen gegenüber den Anhängern anderer Religionen gewaltsam durchzusetzen, als vielmehr die Gefahr, daß man für deren Wertvorstellungen blind ist. Deshalb – so das Konzil – mahnt die Kirche »ihre Söhne [wo bleiben die Töchter?], daß sie mit Klugheit und Liebe, durch Gespräch und Zusammenarbeit mit den Bekennern anderer Religionen sowie durch ihr Zeugnis des christlichen Glaubens und Lebens jene geistlichen und sittlichen Güter und auch die sozial-kulturellen Werte, die sich bei ihnen finden, anerkennen, wahren und fördern« (Nostra aetate, Nr. 2).

Unterdrückung Andersdenkender

Fast noch mehr als gegenüber den Anhängern anderer Religionen legte die Kirche gegenüber Andersdenkenden in den eigenen Reihen eine geradezu unerträgliche Intoleranz an den Tag. Dabei ist nicht nur an jene blutige Unterdrückung zu erinnern, die durch die Inquisition (vom lat. inquirere = nachforschen, untersuchen) praktiziert wurde, sondern auch an deren Vor- und Nachgeschichte.
Denn die Inquisition ist, entgegen einer weitverbreiteten Ansicht, keineswegs eine mittelalterliche Erfindung zur Ketzerbekämpfung. Zwar wurde sie erst unter Gregor IX. im Jahre 1231 zu einer *päpstlichen* Einrichtung erhoben (und im folgenden Jahr von Kaiser Friedrich II. auf das ganze Reich ausgedehnt). Aber ihre *eigentlichen* Ursprünge reichen bis in das christliche Altertum zurück. Während jedoch gegen Häretiker anfänglich nur geistliche Zuchtmittel (Ausschluß aus der Kirchengemeinschaft) angewandt und physische Gewalt ausdrücklich abgelehnt wurde (so u. a. von Tertullian und Origenes), änderte sich das bereits in der Reichskirche seit Konstantin. Schon bald wurden

Häretiker mit Güterenteignung und Verbannung und vereinzelt sogar mit dem Tode bestraft.

Um die Mitte des 6. Jahrhunderts, unter dem byzantinischen Kaiser Justinianos I., galt Häresie insofern sie sich gegen die Staatsreligion richtete, als Majestätsbeleidigung und der Häretiker als Hochverräter, der mit dem Feuertod zu bestrafen war.

Mit Beginn des zweiten Jahrtausends wurde diese Strafe auch im Abendland verhängt und vermochte sich trotz des anfänglichen Protests vieler Theologen (u. a. eines Bernhard von Clairvaux) schnell durchzusetzen. Als Feind des Gemeinwohls war der Häretiker mit allen Mitteln zu bekämpfen. Angesichts der schnellen Ausbreitung der Katharer und Waldenser drohte das Vierte Laterankonzil (1215) jenen Fürsten, welche die Häretiker nicht bestraften, mit Exkommunikation und Konfiskation der Ländereien.

Auf diesen Grundlagen entstand die mittelalterliche Inquisition, als Ergebnis der Zusammenarbeit zwischen Papst Gregor IX. und Kaiser Friedrich II. Dem Staat obliegt es, Ketzer und der Häresie Verdächtige aufzuspüren. Aufgabe der Kirche ist es, sie zu prüfen und zu richten. Mit der Vollstreckung des Urteils wiederum ist der Staat betraut.

An sich handelte es sich bei diesem Inquisitionsverfahren um einen Fortschritt in der Rechtsprechung, insofern hier eine gewisse Gewaltentrennung gewährleistet ist: Der Staat fungiert als Ankläger, die Kirche als Richterin. Außerdem sollte das Inquisitions- oder Untersuchungsverfahren einen fairen Prozeß garantieren.

Aber bald konnte von einer Gewaltentrennung nicht mehr die Rede sein. Schon 1231 besorgten päpstlich ernannte Inquisitoren (meist Dominikaner und Franziskaner) das Aufspüren von Häretikern. Eine ebenso verhängnisvolle wie folgenschwere Entwicklung der Inquisition sanktionierte Innozenz IV., welcher 1252 die Anwendung der Folter (die durch die weltliche Obrigkeit vorgenommen wurde) zur Erzwingung von Geständnissen guthieß. Nach ihrer Verurteilung wurden die »Schuldigen« dem »weltlichen Arm« übergeben. Die dabei vorgebrachte Bitte, ihr Leben zu schonen, kann nur als Ausdruck eines bodenlosen Zynismus oder aber einer unüberbietbaren Naivität verstanden werden. Denn wer die Todesstrafe nicht vollstreckte, geriet dadurch selbst unter Häresieverdacht.

Während Skandinavien, England und, in geringerem Ausmaß, auch

Deutschland von der Inquisition weitgehend verschont blieben (deren *Verfahrensweisen* sich dort aber auf die Hexenprozesse auswirkten, vor allem von der Mitte des 15. bis gegen Ende des 17. Jahrhunderts, und auch auf die Reformatoren, die ihrerseits die Ketzerverfolgung guthießen), forderte diese vor allem in Holland und in Frankreich Tausende von Opfern. Am schlimmsten wütete sie in Spanien – und ausgerechnet nach spanischem Vorbild erneuerte Papst Paul III. (der auch das Konzil von Trient einberief) die Inquisition und unterstellte sie einem Kardinalskollegium, dem späteren »Sanctum Officium Sanctissimae Inquisitionis«, einer Behörde, die heute die harmlose Bezeichnung Glaubenskongregation trägt. Abgeschafft wurde die *Praxis* der Inquisition in den südeuropäischen Ländern in der ersten Hälfte des 19. Jahrhunderts (Spanien, Portugal) und, ganz zuletzt, im Jahre 1870, auch im Kirchenstaat.

Der *Geist* der Inquisition allerdings wirkte innerhalb der Kirche noch lange weiter, etwa indem im Zug der religiösen Krise zu Beginn dieses Jahrhunderts, die unter dem Begriff Modernismus in die Geschichte eingegangen ist, zahlreiche Theologen nicht nur verurteilt, sondern auch mit Disziplinarmaßnahmen bestraft wurden, ohne daß man ihnen Gelegenheit zur Verteidigung gegeben oder ihre im Grunde berechtigten Anliegen positiv aufgegriffen hätte. Ähnliches wiederholte sich zu Beginn der fünfziger Jahre hinsichtlich mancher Vertreter der »Nouvelle Théologie« (H. de Lubac, M. D. Chenu, Y. Congar).

In diesem Zusammenhang darf daran erinnert werden, daß gemäß der heute gültigen Verfahrensordnung (Nova agendi ratio, 1971)[8] der Glaubenskongregation immer noch sehr willkürliche Mittel zur Verfügung stehen, wenn sie gegen einen Autor vorgehen will. So steht es ihr frei, gegen diesen ein »außerordentliches Verfahren« (Nr. 1) durchzuführen, bei dem der Angeklagte einzig die Möglichkeit hat zu widerrufen – und die *anschließend* bekanntgegebenen Disziplinarmaßnahmen zur Kenntnis und auf sich zu nehmen. Aber selbst das »ordentliche Verfahren« (das zwar als »Gespräch« bezeichnet wird, dessen *Folgen* aber denen eines Prozesses gleichkommen) gewährt dem Angeklagten keinen hinreichenden Schutz, insofern diesem nicht das Recht zusteht, die Akten einzusehen oder sich bei diesem »Gespräch« von einem Fachmann seiner Wahl beraten zu lassen. Es besteht auch keinerlei Möglichkeit des Appells an eine höhere Instanz (was den Eindruck erwecken muß, daß sich die Glaubenskongregation für unfehlbar hält) und schon gar nicht eine Gewaltentrennung: Anklage, Untersuchung und Urteil sind einzig und allein Sache der Glaubenskongregation. Im zivilrechtlichen Bereich würde man angesichts derartiger Bedingungen von Voreingenommenheit sprechen . . . Offensichtlich zeitigt die Inquisition Spätfolgen bis hinein in unsere jüngste Vergangenheit und Gegenwart.

Im Hinblick auf die Vergangenheit aber ist zu bedenken: Die Geschichte der Häresie ist stets *auch* die Geschichte der Blindheit der Kirche gegenüber den Zeichen der Zeit – und damit *auch* die Geschichte jener Wahrheiten, über welche die Kirche sich infolge einer etwas einseitigen Interpretation des Wortes von der Taubeneinfalt und der Schlangenklugheit (vgl. Mt 10,16) vorsichtig ausschwieg und die dann – meist einseitig und *deshalb* verzerrt – von den Häretikern zur Sprache gebracht wurden. Diese Tatsache müßte dazu führen, daß man sich mit der Häresie auseinandersetzt, und sei es in Form einer Gewissenserforschung. Lehrt nicht gerade das Zweite Vatikanische Konzil, daß die Kirche als Volk Gottes während seiner irdischen Pilgerschaft der Sünde ausgesetzt bleibt und daher ständig der Erneuerung und Bekehrung bedarf (Unitatis redintegratio, Nr. 6)?

Außerdem hat das Konzil sich in seiner Erklärung über die Religionsfreiheit ausdrücklich zur Schuld der Kirche bekannt, die diese in der Auseinandersetzung mit Andersdenkenden auf sich geladen hat: »Gewiß ist bisweilen im Leben des Volkes Gottes auf seiner Pilgerfahrt – im Wechsel der menschlichen Geschichte – eine Weise des Handelns vorgekommen, die dem Geist des Evangeliums wenig entsprechend, ja sogar entgegengesetzt war; aber die Lehre der Kirche, daß niemand zum Glauben gezwungen werden darf, hat dennoch die Zeiten überdauert« (Dignitatis humanae, Nr. 12).

Die geistigen Voraussetzungen der Intoleranz

Diese »von den [Kirchen-]Vätern ständig verkündete Lehre« ist dem Konzil zufolge »in Gottes Wort enthalten« (Nr. 10).

So ist es nach dem Johannesevangelium der freien Entscheidung des einzelnen anheimgestellt, an Jesus »Anstoß zu nehmen« (Joh 6,61.66) und sich von ihm abzuwenden (Joh 6,67)[9] – und sei es, indem man ihn verrät (Joh 13,27).

Ebenso wenig, wie man niemandem zum Glauben zwingen darf, ist es vom Neuen Testament her erlaubt, jemanden daran zu hindern, nach seinem Gewissen zu leben. Genau dies kommt der Sache nach in der Antwort zum Ausdruck, die Petrus und die Apostel dem Hohen Rat auf dessen Anschuldigungen hin zuteil werden lassen: »Man muß Gott mehr gehorchen als den Menschen« (Apg 5,29). Gleiches lehrt auch der Apostel Paulus, wenn er im Hinblick auf die jüdischen Speisevorschriften betont, daß alles, was gegen die Überzeugung getan wird, Sünde ist, und daß alles, was aus redlicher Überzeugung stammt, Gott wohlgefällig ist (vgl. Röm 14,23f.).

Wir haben schon darauf hingewiesen: Um diese Dinge hat die Kirche, wenigstens theoretisch, immer gewußt. Wie erklärt es sich dann aber, daß dieses Wissen in der Praxis häufig keine Anwendung fand?

Unter anderem spielte hier zweifellos der Einfluß des heiligen Augustinus eine nicht zu unterschätzende Rolle. Zwar vertrat er, zusammen mit vielen anderen Kirchenvätern[10], die Ansicht, daß niemand mit Gewalt zum Glauben gezwungen werden dürfe. Später aber, im Kampf gegen die Donatisten (Anhänger einer Sonderkirche im 4. Jahrhundert in Nordafrika, benannt nach dem Bischof Donatus von Karthago, der eine strenge Kirchenzucht forderte), gab er diese Auffassung auf. In seinen »Retractationes« (Widerrufen) erklärte er, aus purer Unkenntnis über die Schlechtigkeit der Häretiker Zwangsmaßnahmen gegenüber diesen abgelehnt zu haben. Eine biblische Grundlage für seine Wandlung sah Augustinus, der die Todesstrafe gegen Häretiker allerdings ausschloß, in Lk 14,23: »Hol sie [die zum Gastmahl Geladenen] herbei!« Da der Bischof von Karthago für die mittelalterlichen Theologen eine unbestrittene Autorität darstellte, trug seine intolerante Haltung viel zu der damaligen Ketzergesetzgebung bei.

Gleichzeitig war die Gewaltanwendung der Kirche gegenüber Andersdenkenden die Folge einer bis in die Neuzeit hinein kaum bestrittenen Auffassung, nach welcher die geistigen Werte *als solche,* also unabhängig von den Menschen, die sie vertreten, in der Wahrheit gründen. Dabei verstand es sich von selbst, daß der Wahrheit alle, dem Irrtum jedoch keinerlei Existenzberechtigung zukommt. Das bedeutet, daß die

Wahrheit verteidigt, der Irrtum jedoch mit allen Mitteln bekämpft werden muß. Die Konsequenzen, die sich daraus für die Religionsfreiheit ergeben, liegen auf der Hand: das Recht, seine Religion auszuüben, hat einzig der, welcher sich zur wahren Religion, nämlich zum katholischen Glauben bekennt. Was aber, wenn jemand *im Gewissen* davon überzeugt ist, eine andere religiöse Überzeugung vertreten zu müssen?

Ein paar grundsätzliche Überlegungen zu dieser Frage hat Thomas von Aquin in seiner kleinen Schrift »Über das Gewissen« angestellt[11]. Nach ihm verpflichtet das sichere Gewissen den einzelnen auch dann, wenn er sich im guten Glauben irrt. Denn, so Thomas, wer seinem irrenden Gewissen folgt, tut dies mit dem Wunsch, Gottes Willen zu erfüllen. Was aber gegen diesen Wunsch geschieht, ist sündhaft, und deshalb ist auch das irrende Gewissen zu achten[12].

Wie läßt sich nun diese These mit jener anderen vereinbaren, nach welcher dem Irrtum keinerlei Existenzberechtigung zukommt? Hier stellt sich für Thomas das Problem der Religionsfreiheit: »Darf man die Religion der Ungläubigen [infideles; gemeint sind damit Juden und Heiden] dulden?«[13] Thomas löst die Frage mit Hilfe der Theorie von der Güterabwägung. Ein kleines Übel darf man in Kauf nehmen, um ein größeres zu vermeiden. So duldet eine weltliche Obrigkeit gewisse Übel, um größere zu verhindern. Beispielsweise erträgt ein Staat manche Ungerechtigkeiten seitens eines andern, um dadurch einen verheerenden Krieg zu vermeiden. In bezug auf diese Überlegung hat Thomas sogar das Neue Testament auf seiner Seite. Im Gleichnis vom Unkraut und vom Weizen (vgl. Mt 13,24–30) zeigt Jesus, daß Gott selber Schlechtes duldet, weil durch dessen Ausrottung ein größeres Gut gefährdet würde. Das Gut, welches es nach Thomas zu schützen gilt, ist hinsichtlich der Juden die Ehre, die diese dem gleichen Gott zuteil werden lassen wie die Christen. Bezüglich der Heiden bemerkt er, daß manche von ihnen sich im Lauf der Zeit zum rechten Glauben bekehren können. Nur am Rande sei vermerkt, daß diese Auffassung des Thomas die kirchliche Rechts*praxis* (Verfolgung Andersdenkender über Jahrhunderte hin) kaum nachhaltig zu beeinflussen vermochte.

Auf *diesen* Voraussetzungen (Berechtigung einzig der Wahrheit und damit ausschließlich des einen wahren Glaubens; allfällige Toleranz eines Irrtums und damit der nichtkatholischen Bekenntnisse und der nichtchristlichen Religionen nur zur Vermeidung eines größeren Übels) beruhte die vorkonziliäre Lehre der Kirche von der Religionsfreiheit, wie Leo XIII. sie im Jahre 1855 in seiner Enzyklika »Immortale Dei« darstellte.[14]

Darin vertritt der Papst die Auffassung, daß die wahre Religion ein unverzichtbares Element des Gemeinwohls darstellt. Aus dem Irrtum hingegen kann das Gewissen keinerlei Nutzen ziehen. Dem Staat kommt unter anderem die Aufgabe zu, das Gemeinwohl und damit die wahre Religion zu schützen und zu fördern und die Ausbreitung der übrigen Religionen tunlichst zu verhindern, da ja der Irrtum sich schädlich auf das Gemeinwohl auswirkt. Als *praktische* Konsequenz dieser Auffassung ergibt sich: Ist die Mehrheit in einem Staat katholisch, so muß der Staat ebenfalls ›katholisch‹ sein. Das bedeutet, daß man den Anhängern eines anderen Glaubens das Recht bestritt, ihren Glauben öffentlich zu bekennen. Allenfalls gestand man zu, daß der Staat um des öffentlichen Friedens willen, also wegen eines höheren Gutes, andere Bekenntnisse toleriere. Angesichts einer nichtkatholischen Mehrheit im Staat aber forderte man für die katholische Minderheit und damit für die Kirche volle Freiheit bezüglich der öffentlichen Ausübung der Religion.

Gewiß handelt es sich dabei aus heutiger Sicht um eine etwas befremdliche Auffassung. Wenn man aber die Denkvoraussetzungen miteinbezieht, unter denen sie zustande kam, wird man nicht behaupten dürfen, sie sei *nur* Ausdruck von Arroganz und Intoleranz. Aber die Frage muß doch erlaubt sein, ob die katholische Kirche nicht ein bißchen früher zu einer besseren Einsicht hätte gelangen können. Jedenfalls darf man sich wohl doch darüber wundern, daß die Kirche, wenn sie schon nicht maßgeblich daran beteiligt war, die Menschenrechte zu promovieren, auch noch so lange brauchte, um sie zu assimilieren.

Die Wende

Offiziell hat die Kirche ihre veränderte Haltung hinsichtlich des menschlichen Rechts auf Religionsfreiheit in ihrer diesbezüglichen Konzilserklärung vom 7. Dezember 1965 zum Ausdruck gebracht. Darin heißt es unter anderem:

»Das Vatikanische Konzil erklärt, daß die menschliche Person das Recht auf religiöse Freiheit hat. Diese Freiheit besteht darin, daß die Menschen frei sein müssen von jedem Zwang, sowohl von seiten einzelner wie gesellschaftlicher Gruppen, wie jeglicher menschlicher Gewalt, so daß in religiösen Dingen niemand gezwungen wird, gegen sein Gewissen zu handeln, noch daran gehindert wird, privat und öffentlich, als einzelner oder in Verbindung mit anderen – innerhalb der gebührenden Grenzen – nach seinem Gewissen zu handeln. Ferner erklärt das Konzil, das Recht auf religiöse Freiheit sei in Wahrheit auf der Würde der menschlichen Person selbst gegründet, so wie sie durch das geoffenbarte Wort Gottes und durch die Vernunft selbst erkannt wird« (Dignitatis humanae, Nr. 2).

Im Vergleich zu früheren lehramtlichen Verlautbarungen bedeutet diese Stellungnahme in der Tat eine Art kopernikanischer Wende. Zustande kommen konnte sie aufgrund einer Überlegung, welche man bei der Erarbeitung der ›traditionellen‹ Lehre in keiner Weise berücksichtigt hatte. Diese war angesichts der Alternative Wahrheit oder Irrtum entwickelt worden. Dabei übersah man allerdings, daß Werte nicht unabhängig von Personen existieren. Immer ist es eine *menschliche Person,* welche eine Überzeugung vertritt. Jede menschliche Person aber besitzt fundamentale Menschenrechte, die ihr nicht von außen her (etwa seitens des Staates oder einer Kirche) erst gewährt werden müssen, sondern die in der Würde der menschlichen Person selbst verwurzelt sind. Diese *bereits bestehenden Rechte* hat der Staat zu schützen, indem er sie in seiner Verfassung als bürgerliche Rechte verankert.
Allerdings macht das Konzil gleichzeitig eine wichtige Präzisierung: Die Religionsfreiheit steht dem einzelnen nicht in uneingeschränktem Sinne zu, sondern nur »innerhalb der gebührenden Grenzen«. Worin diese Grenzen bestehen, wird an anderer Stelle erläutert: »Es geschieht also ein Unrecht gegen die menschliche Person und gegen die Ordnung selbst, in die die Menschen von Gott hineingestellt sind, wenn jemand die freie Verwirklichung der Religion in der Gesellschaft verweigert wird, *vorausgesetzt, daß die gerechte öffentliche Ordnung gewahrt bleibt«* (Nr. 3; kursiv von mir). Mit anderen Worten, die Grenzen der Religionsfreiheit (wie der Gewissensfreiheit überhaupt) sind da gegeben, wo das Wohl anderer Menschen auf dem Spiel steht.

Religionsfreiheit bedeutet demnach nicht, daß sich jeder Mensch nach eigenem Gutdünken und Belieben seinen Glauben selber aussuchen kann, sondern daß sich jeder nach seinem Gewissen richten muß, dem er vor Gott verantwortlich ist.

Denn der Mensch hat nicht nur das Recht, sondern geradezu die Pflicht, nach seinem sicheren Gewissen zu leben. *Sicheres Gewissen:* Damit ist die persönliche Überzeugung gemeint, die subjektive Gewißheit, so und nicht anders entscheiden zu sollen. Das sichere Gewissen ist *richtig,* wenn es mit der objektiven Norm übereinstimmt. Es ist *irrend,* wenn der Mensch im guten Glauben von dieser Norm abweicht. Die Tatsache des Gewissensirrtums ist im Leben sicher recht häufig gegeben. Das schließt natürlich die Verpflichtung mit ein, sich um die Bildung und Schulung des eigenen Gewissens dauernd zu bemühen. Solange aber der einzelne einen Irrtum nicht feststellt, ist das sichere (und in diesem Fall irrende) Gewissen die einzige sittliche Instanz, der er zu gehorchen hat. Denn, wie schon Thomas lehrte, der Gehorsam gegen das eigene Gewissen ist die einzige Möglichkeit, Gott seinen Gehorsam zu beweisen.

Aufgrund eben dieser Überlegungen gelangt das Konzil zu der Feststellung, daß der Mensch nicht daran gehindert werden darf, »gemäß seinem Gewissen zu handeln, besonders im Bereiche der Religion« (Nr. 3).

Das sichere Gewissen eines Menschen ist unbedingt zu respektieren – vorausgesetzt, daß dadurch das Wohl anderer nicht gefährdet ist. Daraus ergibt sich, daß man auch den konkreten Verhaltensweisen Andersdenkender mit Achtung begegnen und ihnen die Möglichkeit der öffentlichen Ausübung ihrer Religion einräumen muß:

»Denn die Verwirklichung und Ausübung der Religion besteht ihrem Wesen nach vor allem in inneren, willentlichen und freien Akten, durch die sich der Mensch unmittelbar auf Gott hinordnet; Akte dieser Art können von einer rein menschlichen Gewalt weder befohlen noch verhindert werden. *Die Sozialnatur des Menschen erfordert aber, daß der Mensch innere Akte der Religion nach außen zum Ausdruck bringt,* mit anderen in religiösen Dingen in Gemeinschaft steht und seine Religion gemeinschaftlich bekennt« (Nr. 3; kursiv von mir).

Unsere bisherigen Darlegungen zeigen, daß die Haltung der Kirche gegenüber den Religionen sich im Lauf der Jahrhunderte stark verändert hat: Der Weg führt von der erbitterten Bekämpfung über die widerwillig geübte Toleranz zur offenen Anerkennung. Diese Wende von feindseliger Polemik zum offenen Dialog ist ein Beispiel dafür, daß die Kirche fähig ist, sich zu wandeln. Dies wiederum gibt zu der Hoffnung Anlaß, daß in manchen Angelegenheiten, bezüglich derer die Kirche *heute* eine restriktive Haltung einnimmt, das letzte Wort ebenfalls noch nicht gesprochen ist.

Was ganz allgemein für die Beziehungen zwischen den Religionen gilt, trifft auch für das Verhältnis des Christentums zum Judentum und zum Islam zu: ein intolerantes Verhalten provoziert Intoleranz, während Dialogbereitschaft zum Dialog führt. Ein eindrückliches Beispiel dafür ist der Streit um Jesus. In dem Maße als die Christen sich um einen Meinungsaustausch mit Juden und Muslimen bemühten, fanden diese wiederum Zugang zum Mann von Nazaret. Dabei kann natürlich nicht von einer Bekehrung zum Christentum die Rede sein, wohl aber von einer eigentlichen Hinkehr zu Jesus.

2 Heimholung des verlorenen Sohnes: Jesus im Judentum

»Jesus ist die Seele unserer Seele, wie er das Fleisch unseres Fleisches ist. Wer möchte ihn also ausscheiden aus dem jüdischen Volk! Der heilige Petrus wird der einzige Jude bleiben, der von diesem Abkömmling Davids gesagt hat: Ich kenne nicht diesen Mann.«

Diese Sätze stammen aus einem Brief, den Max Nordau, ein Mitarbeiter Theodor Herzls (1860–1904), des Begründers des Zionismus, im Jahre 1899 an einen katholischen Preister schrieb[1]. Sie bilden gleichsam eine Vorwegnahme jenes wachsenden Interesses, das dem Mann aus Nazaret seit einigen Jahrzehnten seitens des Judentums entgegengebracht wird.

In seinem erstmals 1976 erschienenen Buch »Ist das nicht Josephs Sohn? Jesus im heutigen Judentum« weist Pinchas Lapide darauf hin, daß seit der Staatsgründung Israels nicht weniger als 187 *hebräische* Bücher – Untersuchungen, Gedichte, Schauspiele, Monographien, Dissertationen und Aufsätze – über Jesus geschrieben wurden. Lapide fügt hinzu, daß diese Zahl sich auf Schriften beschränkt, »deren hauptsächlichster Gegenstand Jesus von Nazaret ist. Wollte man die wissenschaftlichen Monographien miteinbeziehen, die Jesus im Zusammenhang mit anderen Strömungen im Judentum behandeln, überstiege die Anzahl der Schriften die Zahl 500. Ebenso unbeachtet bleiben hier die Werke israelischer Staatsbürger, die nicht auf hebräisch verfaßt worden sind.«[2] Das bedeutet, daß in den letzten Jahrzehnten weit mehr Jesusbücher von jüdischen Autoren erschienen sind, als in den vorausgegangenen tausendachthundert Jahren[3].

Legenden, Polemik, Apologetik

Die ältesten nichtchristlichen jüdischen Texte über Jesus finden sich im Talmud. Als Beispiel sei hier einer der ganz wenigen Abschnitte angeführt, in denen Jesus mit Namen genannt wird.

»[Mischna.] Wenn man etwas zu seinen [eines Angeklagten] Gunsten findet, läßt man ihn frei [d. h. ein Urteil kann rückgängig gemacht werden, wenn ein Zeuge noch etwas zur Entlastung des Angeklagten vorbringt]. Wenn nicht, geht er hinaus, um gesteinigt zu werden, weil er die und die Übertretung begangen hat; Soundso und Soundso sind seine Zeugen; jeder, der etwas zu seinen Gunsten weiß, komme und plädiere für ihn.
[Gemara.] Abbaje sagte: Er muß auch sagen: An dem und dem Tag, zu der und der Stunde, an dem und dem Platz; vielleicht gibt es einen, der etwas weiß und kommt, um sie [die ersten Zeugen] als falsche Zeugen zu erweisen.
Ein Herold geht vor ihm her: Ja, vor ihm, nicht schon früher. [D. h. unmittelbar bevor das Urteil vollstreckt wird, werden mögliche Zeugen aufgefordert, sich zu äußern, wenn sie noch etwas zur Entschuldigung des Verurteilten zu sagen haben.] Dagegen wird gelehrt: Am Vorabend des Pesachfestes haben sie Jesus gehängt. Der Herold aber ging vierzig Tage lang vor ihm her [und sagte]: Dieser geht hinaus, um gesteinigt zu werden, weil er Zauberei getrieben und Israel verlockt und abgesprengt hat. Jeder, der etwas zu seinen Gunsten weiß, komme und plädiere für ihn. Aber sie fanden nichts zu seinen Gunsten und hängten ihn am Vorabend des Pesachfestes. Ula sagte: Meinst du denn, er sei einer gewesen, zu dessen Gunsten sich etwas hätte wenden können? Er war doch ein Verlocker, und der Allbarmherzige sprach: Du sollst ihn nicht schonen und ihn nicht bedecken [Dtn 13,9; vgl. Verse 9–11]. Aber mit Jesus verhielt es sich deshalb anders, weil er der Regierung nahestand.
Unsere Meister lehrten: Fünf Jünger hatte Jesus: Matai, Nakai, Nezer, Buni und Toda« (b Sanhedrin 43 a)[4].

Der *historische Wert* dieser Äußerung ist verschwindend gering. Die geschichtliche Erinnerung beschränkt sich auf den Namen Jesu, möglicherweise auf jenen des Apostels Matthäus (Matai) und auf die Tatsache, daß Jesus hingerichtet wurde. Der Rest ist ein Gemisch aus *Polemik und Legende*. Es wird behauptet, daß Jesus Zauberei trieb (Wunder vollbrachte), das Volk Israel verführte und irreleitete; ferner, daß er fünf Jünger hatte und am Vorabend des Pesachfestes hingerichtet wurde.

Leicht erkennbar ist die *apologetische Tendenz:* Bevor ein Todesurteil vollstreckt wird, ruft ein Herold nach möglichen Entlastungszeugen, welche den Verurteilten in letzter Minute noch retten könnten. Von Jesus nun heißt es, daß nach seiner Verurteilung während voller vierzig Tage ein Ausrufer nach Entlastungszeugen suchte und keine gefunden habe. Die Apologie richtet sich damit gegen den christlichen Vorwurf, mit Jesus sei kurzer Prozeß gemacht worden. Indessen kann keinerlei Zweifel an dessen Schuld bestehen, da während dieser langen Zeit niemand zu seinen Gunsten ausgesagt hat. Schließlich wird betont, daß nicht die Juden, sondern die römische Besatzungsmacht Jesus umgebracht habe, und dies, obwohl Jesus »der Regierung nahestand«, was wiederum eindeutig seine Schuld beweist.

Die paar weiteren Talmudstellen, die sich mit Jesus befassen, sind ebenfalls ein Gewebe aus Polemik, Legende, Apologetik und vager historischer Erinnerung. Es wird gesagt, daß Jeschua oder Jeschu (Jesus) von Nazaret die Frucht einer unehelichen Verbindung zwischen einem römischen Offizier und Mirjam (Maria), der Verlobten des Joseph sei; er habe sich der Volksverführung und Magie schuldig gemacht und die Worte der Weisen verspottet; er habe das Gesetz nach der Weise der Pharisäer ausgelegt und von sich behauptet, er sei nicht gekommen, um von der Tora etwas wegzunehmen oder ihr etwas hinzuzufügen[5].

Gerade 15 von rund 15000 Seiten widmen die talmudischen Schriften der Person Jesu. Mit anderen Worten, Israels berühmtester Sohn wird bloß am Rand erwähnt.

Dafür gibt es mindestens zwei Erklärungen. Zunächst einmal sind die Berichte der Rabbinen aus der Periode des herodianischen Tempels (der eine Erneuerung und Erweiterung des nachexilischen Tempelbaus darstellte: 19 v. Chr. begannen die Arbeiten unter Herodes dem Älteren, 70 n. Chr. wurde er von den Römern zerstört) äußerst knapp gehalten. Außerdem galt die Jesusbewegung in der damals politisch

sehr unruhigen Zeit als eine mehr oder weniger unbedeutende Sekte neben anderen.
Der polemische Ton dieser wenigen Talmudstellen darf nicht überschätzt werden. In erster Linie ging es nämlich nicht darum, das Christentum zu diskreditieren. Vielmehr sollten die nach der konstantinischen Wende im vierten Jahrhundert weithin rechtlos gewordenen Juden gegenüber dem übermächtigen Druck der Kirche unempfindlich gemacht werden. Anders ausgedrückt, nicht eine antichristliche jüdische Grundeinstellung, sondern der Wille zur Selbstbehauptung führte dazu, daß apologetisch und polemisch eingefärbte Jesuslegenden in den Talmud Eingang fanden.
Diese Legenden wurden, wahrscheinlich seit dem 10. Jahrhundert, zu den »Toledot Jeschu« (Die Generationen Jesu) erweitert. Von diesem jüdischen Antievangelium, das vor allem im Mittelalter heimlich gelesen wurde, zirkulierten zahlreiche Versionen. Wie schon im Talmud (b Schabbat 104b) gilt Jesus hier als unehelicher Sohn der Maria und des römischen Soldaten Pandera. Seine religiöse Unterweisung erhält er durch die Rabbinen. Später verschreibt er sich der Magie. Indem er ein Pergament mit dem Tetragramm, dem vierbuchstabigen hebräischen Gottesnamen (JHWH = Jahwe) in seine Haut einnäht, erlangt er überirdische Kräfte, die er in den Dienst des Bösen stellt. Schließlich wird Jesus als falscher Prophet entlarvt und gehängt. Nachdem die Jünger seinen Leichnam gestohlen haben, verkünden sie seine Auferstehung.
Altes Sagengut, die Lust am Satirischen und die Volksphantasie sind in den »Toledot Jeschu« ebenso gegenwärtig wie das ohnmächtige Aufbegehren und die hilflose Wut eines verfolgten und erniedrigten Volkes.
Bedeutende Vertreter des Judentums haben sich in der Folge von den »Toledot Jeschu« ausdrücklich distanziert. Der Philosoph Moses Mendelssohn (1729–1786) nennt sie in einem Brief an Lavater »eine Mißgeburt aus den Zeiten der Legenden«; Pinchas Lapide bezeichnet sie als »üble Schmähschrift«; Schalom Ben-Chorin spricht von einer »trüben Quelle«[6]. Christen werden solche Urteile zweifellos mit einer gewissen Genugtuung zur Kenntnis nehmen. Doch stellt sich gerade aus christlicher Sicht die Frage, wie es jüdischerseits zu derartigen Verunglimpfungen der Person Jesu kommen konnte. Deren eigentli-

cher Zielpunkt bildete nämlich gerade nicht Jesus, sondern die Kirche, welche die Juden unterdrückte und sich dabei auf Jesus berief. Das Zerrbild Jesu, welches den »Toledot Jeschu« zugrunde liegt, ist praktisch nichts anderes als die Reaktion einer verfolgten Minderheit auf die Haßpolitik der christlichen Mehrheit, welche durch eben diese Politik das Bild ihres Gründers bis zur Unkenntlichkeit entstellte. Kurzum, die »Toledot Jeschu« sind, entgegen allem äußeren Anschein, nicht das Produkt eines Antijesuanismus, sondern Ausdruck eines von den Christen selbst provozierten Antichristianismus.

Ähnliches gilt, wie Pinchas Lapide in einer ebenso umfassenden wie überzeugenden Analyse dargelegt hat, für die mittelalterlichen Rabbinen. Ihre Ablehnung gilt nicht dem vorevangelischen Jesus, sondern jenen, die diesen als Gott verehren[7].

Dies trifft beispielsweise zu für den unter dem Namen Raschi weltberühmt gewordenen Rabbi Salomo Ben Isaak (1040–1105), in dessen Bibelkommentar »Jeschu der Nazarener« als Volksverführer bezeichnet wird, unter Verweis auf dem Talmud (b Sanhedrin 43a). Bei näherem Hinsehen allerdings erweist es sich, daß Raschi die *christliche Lehre* von der Dreifaltigkeit auf den historischen Jesus zurückprojiziert und *deshalb* in ihm im Sinne von Dtn 13,7–12 einen Anstifter zum Glaubensabfall und einen Volksverführer sieht. Nicht der historische Jesus, sondern das ausformulierte Trinitätsdogma bildet also den Zielpunkt des Angriffs.

Manche mittelalterliche Rabbinen – wie andere damalige jüdische Gelehrte überhaupt – haben sogar eine durchaus positive Beziehung zur Gestalt Jesu (wie übrigens auch zum Islam!) entwickelt und so die Bedeutung der Ökumene aufgezeigt, lange bevor dieser Begriff selbst eine Bedeutung hatte.

Zu erinnern ist vor allem an Mose Maimonides, der im Judentum eine ähnliche Stellung einnimmt, wie Thomas von Aquin im Christentum. Maimonides gilt als Universalgenie des Mittelalters und als eine der größten Führergestalten, welche die Juden in der Diaspora hervorbrachten – was in dem bekannten Wortspiel zum Ausdruck kommt: Von Mose bis Mose war keiner wie Mose. Dieser ›zweite Mose‹ wurde 1135 im spanischen Cordoba geboren und starb 1204 in Fostat bei Kairo.

Während die Christen in Jesus die Vollendung des jüdischen Gesetzes und die Erfüllung der messianischen Hoffnung sehen, vertritt Maimonides in seinem Hauptwerk »Mischne Tora« (Wiederholung des Gesetzes) eine andere Ansicht: Jesus ist, zusammen mit Muḥammad, ein Wegbereiter des von den Juden erwarteten messianischen Zeitalters.

»Alle diese Angelegenheiten, die sich auf Jesus von Nazaret und auf den Ismaeliten [Muḥammad], der nach ihm kam, beziehen, dienten nur dazu, um den Weg für den König-Messias freizumachen und die ganze Welt auf die Verehrung Gottes mit vereinten Herzen vorzubereiten, wie es geschrieben steht [es folgt Zef 3,9]. Auf diese Weise sind die messianische Hoffnung, die Tora und die Gebote allgemein verbreitetes Glaubensgut geworden – unter den Einwohnern der fernen Inseln und unter vielen Völkern, unbeschnitten an Herz und Fleisch.«[8]

Ähnlich wie Maimonodes denkt der jüdische Arzt und Philosoph Sa'd Ibn Mansur Ibn Kammuna (1215–1285), für den die drei größten monotheistischen Religionen auf einer göttlichen Offenbarung beruhen. Der Gestalt Jesu nähert er sich mit großer Achtung und Aufgeschlossenheit. Da ist nicht mehr die Rede von einem Magier und Volksverführer; im Gegenteil:

»Es gab keinen Zweifel über das Gestorbensein und die Krankheiten jener, die Jesus wiederbelebte und heilen konnte. Für diesen Tatbestand spricht, daß eventuelle Zweifel sofort seinen Gegnern, sowohl Juden als anderen, mitgeteilt worden wären. Zweifel wurden jedoch nicht berichtet, obwohl einige seiner Wundertaten der Magie oder der Mithilfe des Teufels oder der Anrufung des göttlichen Namens zugeschrieben wurden. Es steht also fest, daß Jesu Zeitgenossen sicher waren, keinerlei Täuschung oder Kniffe seien angewandt worden.«

Jesus und seine *damaligen* Anhänger waren »fromme Juden bis zu ihrem Lebensende«. Gleichzeitig aber fehlt es nicht an Hinweisen, die durchaus kirchenkritisch gemeint sind:

»Jesus stand auf, wusch die Füße seiner Apostel und sagte: Der Menschensohn ist nicht gekommen, um bedient zu werden, sondern um zu dienen. Hier lag seine wahre Größe. [...] Im Evangelium heißt es:

Wenn ihr Glauben habt so groß wie ein Senfkorn, könnt ihr zu diesem Berge sagen: Versetze dich dort hinüber – und er wird gehorchen. Heute finden wir jedoch keinen Jesusgläubigen, der imstande wäre, einen leichten Stein zu versetzen.«[9]

Als im Spätmittelalter die Kirchenfürsten auf den Gedanken verfielen, öffentliche Schaudisputationen mit den Rabbinen zu inszenieren, um diese so zum Christusbekenntnis zu zwingen, erzielten sie genau die gegenteilige Wirkung: Nicht Annahme, sondern verschärfte Ablehnung des christlichen Glaubens war fast durchwegs die Folge. So verfaßte Rabbi Schemtov Lippmann aus Mühlhausen kurz nach einer solchen Disputation im Jahre 1399 sein »Buch der Widerlegung«, welches gewissermaßen eine *Summa contra christianos* darstellt. Welcher Argumentationsweise er sich dabei bediente, vermag ein Beispiel zu illustrieren. Während die christlichen Theologen unter Berufung auf die Kirchenväter Gottes Entschluß »Laßt uns den Menschen machen« (Gen 1,26) aufgrund der Pluralform als Beweis für die Trinität anführten, verwies Rabbi Lippmann auf die Singularform des folgenden Verses: »Gott schuf also den Menschen« (Gen 1,27) und stellte höhnisch fest, daß »der Sohn offensichtlich ungehorsam gewesen sei und seinen Vater allein arbeiten ließ« – und deshalb habe dieser ihn wohl verlassen, als er am Kreuz um Hilfe schrie[10].
Die immer häufigeren Schaudisputationen hatten zur Folge, daß die Juden ein zunehmendes Interesse am Neuen Testament bekundeten, um die Christen mit Argumenten aus *ihren* heiligen Schriften widerlegen zu können.

Annäherungen an Jesus

Mit dem Aufkommen der humanistischen Bewegung und der Ausbreitung der Reformation entstand *in bezug auf die Glaubenslehre* ein etwas entspannteres Verhältnis zwischen Christen und Juden. Dabei konnte es sogar geschehen, daß manche Rabbinen inmitten einer judenfeindlichen Umwelt und trotz einer judenverachtenden Gesetzgebung wenn nicht der Kirche, so doch ihrem Gründer nicht nur mit Respekt, sondern sogar mit Zuneigung begegneten. Ein Beispiel dafür ist Rabbi Jakob Emden (1696–1776), der, obwohl in innerjüdischen Glaubensfragen zum Fanatismus neigend, sich der Gestalt Jesu und dem Christentum gegenüber durchaus aufgeschlossen zeigte:

»Der Stifter des Christentums hat der Welt eine doppelte Wohltat erwiesen. Einerseits befestigte er mit aller Kraft die Tora Mosis, denn keiner unserer Weisen hat mit größerem Nachdruck die ewige Verbindlichkeit der Gotteslehre betont und bestätigt; andererseits erwies er den Heiden eine große Wohltat (wenn sie nur seine edle Absicht nicht zunichte machen wollten, wie gewisse Dummköpfe, die den wahren Sinn des Evangeliums nicht zu fassen vermögen, es getan haben!), indem er die Abgötterei abschaffte, sie vom Götzendienst befreite und sie zu den sieben Noachidischen Geboten verpflichtete. [...] Er versuchte in der Tat, sie zu vervollkommnen mittels einer Morallehre, die noch viel schwerer ist als die Tora Mosis.
Es kam dem Stifter des Christentums nie der Gedanke, die Tora aufzulösen. Das ist auch die Ansicht seines Schülers Paulus. [...] Die Schüler des Nazareners wählten für die Menschen, die nicht dem Judentum beitreten wollten, das Tauchbad und nicht die Beschneidung – und den Sonntag anstatt des Sabbats als wöchentlichen Ruhetag, um zu bezeugen, daß sie nicht Volljuden seien. Der Nazarener hingegen und seine Jünger hielten den Sabbat aufs strengste sowie auch die Beschneidung, denn sie waren ja Juden von Geburt und Abstammung und beobachteten die ganze Tora. [...] Nur für die Heiden sollte das Christentum gestiftet werden.«[11]

In die gleiche Richtung zielen die Äußerungen von Moses Mendelssohn, eines Zeitgenossen des Rabbi Emden. Wie dieser betont Mendelssohn, daß Jesus in keiner Weise mit der jüdischen Tradition gebrochen habe:

»Jesus von Nazaret hat selbst nicht nur das Gesetz des Mose, sondern auch die Satzungen der Rabbinen beachtet, und was in seinen Reden und Handlungen dem zuwider zu sein scheint, hat doch in der Tat nur dem ersten Anblick nach diesen Schein. Genau untersucht, stimmt alles nicht nur mit der Schrift, sondern auch mit der Überlieferung völlig überein.«[12]

Aufgrund des bisherigen Überblicks könnte leicht der Eindruck entstehen, daß die Gestalt Jesu innerhalb des Judentums schon immer eine nicht unerhebliche Beachtung gefunden habe. Doch dieser Eindruck trügt. Stets handelte es sich nur um vereinzelte Repräsentanten des Judentums, die sich mit dem Mann aus Nazaret ernsthaft auseinandersetzten. Aufs ganze gesehen aber spielte Jesus in der jüdischen Glaubensgeschichte eine recht unbedeutende Rolle. In der Regel wurde er schweigend übergangen. Denn die Furcht, daß negative Äußerungen Sanktionen seitens des Staates oder der Kirche nach sich ziehen könnten, war nur zu begründet. Stimmen wie jene von Rabbi Emden oder Moses Mendelssohn stehen für die Ausnahme, welche bekanntlich die Regel bestätigt.

Daß die Anhänger des Judentums Jesus in der Folge plötzlich neu entdeckten, war nicht das Verdienst der Kirche. Weder die von ihr arrangierten öffentlichen Glaubensdisputationen, noch die bis ins späte 18. Jahrhundert hinein unter Teilnahmezwang durchgeführten Bekehrungspredigten, und schon gar nicht die Verfolgungen und massiven sozialen Benachteiligungen vermochten den Juden Jesus irgendwie näherzubringen.

Eine Annäherung hat inzwischen dennoch stattgefunden, allerdings nicht direkt auf dem Weg über die Religion, sondern auf dem Umweg über die Bibelkritik seitens zahlreicher protestantischer Theologen des 19. Jahrhunderts. Während manche von ihnen in Jesus anfangs eine Erfindung der Evangelisten sahen, seine Historizität also überhaupt in Zweifel zogen, unterschieden andere in der Folge zwischen der Predigt Jesu und dem Glauben der ersten Christen. Übereinstimmung herrschte bald in bezug auf die Tatsache, daß die Evangelien *auch* – aber nicht nur! – historische Begebenheiten berichten und daß sie demnach nicht als historische Quellen im heutigen Sinne gelten können. Es handelt sich bei diesen Schriften ja nicht um protokollartige Aufzeichnungen, sondern um Glaubenszeugnisse. Mit anderen Worten, die Evangelisten *deuten* die Gestalt Jesu, sie *verkünden* ihn als Messias, sie *proklamieren* ihn als Sohn Gottes. Nicht nur *Jesu Predigt und Praxis* ist in den Evangelien gegenwärtig, sondern auch der *Glaube an Jesus* als den Messias und Erlöser.

Aufgrund dieser Erkenntnis sah sich die christliche Theologie vor die Notwendigkeit gestellt, den Nachweis zu erbringen, daß dieser Glaube (wie er später in den Dogmen formuliert wurde) die legitime Entfaltung der Absichten Jesu darstellt und im Einklang steht mit seinem Sendungsbewußtsein. Kurzum, es ging darum aufzuzeigen, in welcher Weise sich die Verkündigung Jesu von der Lehre seiner zeitgenössischen Rabbinen und von der Tradition des Judentums abhob.

Das Interesse der Juden zielte naturgemäß in die entgegengesetzte Richtung. Auch sie fragten hinter die kirchlichen Dogmen zurück – nur sahen sie in diesen Dogmen nicht die Entfaltung der Lehre Jesu, sondern spätere Übermalungen seiner Gestalt, die man Schicht um Schicht abtragen mußte, um zu ihm selber vorzustoßen. Hinter dem von den Kirchen verkündeten Messias suchte man den Verkünder Jesus, hinter dem Gottessohn den Menschensohn, hinter dem Christus des Glaubens den gläubigen Juden.

Während also die christliche Theologie betonte, daß und inwiefern sich Jesus vom damaligen Judentum unterschied, unterstrichen die jüdischen Forscher jene Züge, die ihn mit seinen Zeitgenossen verbanden.

Die Ansicht, daß Jesus sich ins damalige Judentum einfügt und daß seine Sendung von diesem her erklärt werden muß, vertraten Rabbi Emden und Moses Mendelssohn. Einer der ersten Rabbiner, der sich mit dieser These *systematisch* auseinandersetzte, ist Samuel Hirsch (1808–1889), der 1869 Präsident der Reform Rabbinical Assembly of America wurde.

In seinem Werk »Das System der religiösen Anschauungen der Juden und sein Verhältnis zu Heidentum, Christentum und zur absoluten Religion« (Frankfurt a. M. 1842) behauptet Hirsch, daß alles, was in den Evangelien und vor allem bei Paulus über die Lehre des Judentums hinausführt, nicht jesuanisches Gedankengut sei, sondern späterer Zusatz der (heidenchristlichen) Kirche. In Jesus sieht Hirsch einen geradezu exemplarischen Juden, der seinen Glauben voll und ganz lebte. Daß er sich bezüglich der *unmittelbar* bevorstehenden Gottesherrschaft geirrt hat, tut seiner Größe keinen Abbruch; im Gegenteil: dieser Irrtum ist Ergebnis und Ausdruck der ur-jüdischen Sehnsucht nach messianischem Heil.

Die Haltung eines Samuel Hirsch signalisiert eine Wende, welche sich um die Mitte des letzten Jahrhunderts innerhalb des Judentums bezüglich der Beurteilung Jesu vollzog. Immer zahlreicher wurden die

Untersuchungen, die sich mit dem Mann aus Nazaret befaßten, und – von Ausnahmen abgesehen – immer günstiger fielen die Urteile über ihn aus[13].
Stellvertretend für viele andere sei hier das Zeugnis des Rabbi H. G. Enelow (1877–1934) zitiert:

»Unter allem Guten und Großen, das die Menschheit hervorgebracht hat, ist nichts annähernd so universal in seinem Anspruch und Einfluß wie Jesus. Er ist die anziehendste Gestalt der Weltgeschichte geworden. In seiner Person vereint er das Beste und Tiefste Israels – des ewigen Volkes, dessen Sohn er war. [. . .] Der Jude kann nicht umhin, stolz darauf zu sein, was Jesus für die Welt bedeutet. Noch kann er sich der Hoffnung entschlagen, daß Jesus zum Band der Einigung zwischen Jude und Christ werde, nachdem Mißverständnisse entfernt sind und seine Lehre besser verstanden wird.«[14]

Wie erklärt sich dann aber die Tatsache, daß die Gestalt Jesu in der Geschichte des Judentums über Jahrhunderte hin so wenig Beachtung fand? Rabbi Enelow gibt dafür eine Erklärung, die beides in einem ist: Anklage der Kirche und Einladung zu einer Gewissenserforschung:

»Wenn wir an die Vielfalt der Lehren, Systeme, Regime, Kulte und Doktrinen denken, die alle im Namen Jesu legitimiert und sanktioniert worden sind, wie viel Unmenschlichkeit sich auf ihn berief und für wieviel Judenleid und Judenmord er herhalten mußte, dann können wir verstehen, warum ihm im Laufe der jüdischen Geschichte so wenig Aufmerksamkeit geschenkt worden ist.«[15]

Jesus – ein »Jude unter Juden«

Die Neuentdeckung Jesu seitens des Judentums führte dazu, daß sich zahlreiche jüdische Gelehrte eingehend mit dem Nazarener und seiner Lehre auseinandersetzten.
Das erste hebräische Jesusbuch neuerer Zeit wurde 1922 von Joseph Klausner, Historiker an der Hebräischen Universität zu Jerusalem,

verfaßt[16]. Für Klausner ist Jesus der jüdischste aller Juden. Seine Predigt steht durchwegs im Einklang mit der Verkündigung des Mose und der Propheten, wobei er allerdings die Maßstäbe viel zu hoch ansetzt und so die Menschen überfordert. Wohl mag seine Ethik als Ideal für einzelne gelten und so gewissermaßen ein Vor-Bild für die *künftige Welt* darstellen. Die jüdische Ethik hingegen sei gerade für *diese Welt* konzipiert und in ihr zu realisieren. *Deshalb* sei Jesu Lehre von Israel nie angenommen worden. Daß Jesus von seiner Messianität überzeugt war, steht für Klausner außer Zweifel. Als Messias aber ist er nur Werkzeug der Erlösung durch Jahwe und keineswegs selber ein Erlöser(-gott). Im letzten Kapitel seines Buches faßt Klausner sein Urteil über Jesus zusammen:

»Seine Sittenlehre ist eine erhabene, gewählter und originaler in der Form als jedes andere hebräische ethische System. Auch seine wunderbaren Gleichnisse stehen ohne Beispiel da. Der Scharfsinn und die Kürze seiner Sprüche und wirkungsvollen Parabeln machen seine Ideen in außergewöhnlichem Maße zum Eigentum aller. Und wenn einst der Tag kommen wird, wo diese Ethik die Hülle ihrer mystischen und mirakelhaften Umkleidung abstreift, dann wird Jesu Buch der Ethik einer der erlesensten Schätze der jüdischen Literatur aller Zeiten sein.«[17]

Auf der gleichen Linie wie Klausner bewegt sich der letzte große Gemeinde-Rabbiner Berlins, Leo Baeck (1873–1956), der »Das Evangelium als Urkunde der jüdischen Glaubensgeschichte« (so der Titel einer seiner wichtigsten Arbeiten) versteht und interpretiert. Die *ursprüngliche* Evangelientradition enthält nach Baeck »nichts anderes als alle Überlieferung in der jüdischen Welt jener Tage«[18]. Das Evangelium

»ist ein jüdisches Buch [. . .], weil die reine Luft, die es erfüllt und in der es atmet, die der Heiligen Schrift ist, weil jüdischer Geist, und nur er, in ihm waltet, weil jüdischer Glaube und jüdische Hoffnung, jüdisches Leid und jüdische Not, jüdisches Wissen und jüdische Erwartung, sie allein, es durchdringen – ein jüdisches Buch inmitten jüdischer Bücher.«[19]

Wenn Jesus – wie viele andere – sich als Messias verstanden hat, so heißt das nicht, daß er der Messias *ist,* sondern nur, daß er das Reich Gottes herbeiführen wollte, das immer noch nicht da ist:

»In dem alten Evangelium, das sich derart auftut, steht ein Mann mit edlen Zügen vor uns, der während erregter, gespannter Tage im Lande der Juden lebte und half und wirkte, duldete und starb, ein Mann aus dem jüdischen Volke, auf jüdischen Wegen, im jüdischen Glauben und Hoffen, dessen Geist in der Heiligen Schrift wohnte, der in ihr dichtete und sann und der das Wort Gottes kündete und lehrte, weil ihm Gott gegeben hatte zu hören und zu predigen. Vor uns steht ein Mann, der in seinem Volke seine Jünger gewonnen hat, die den Messias, den Sohn Davids, den Verheißenen suchten und ihn dann fanden und festhielten, die an ihn glaubten, bis daß er an sich zu glauben begann, so daß er nun in die Sendung und das Geschick seiner Tage und in die Geschichte der Menschheit eintrat. Diese Jünger hat er hier besessen, die über seinen Tod hinaus an ihn glaubten, so daß es ihnen Gewißheit ihres Daseins wurde, daß er, wie der Prophet gesprochen, ›am dritten Tage von den Toten auferstanden sei‹. Einen Mann sehen wir in dieser alten Überlieferung vor uns, der in allen den Linien und Zeichen seines Wesens das jüdische Gepräge aufzeigt, in ihnen so eigen und so klar das Reine und Gute des Judentums offenbart, einen Mann, der als der, welcher er war, nur aus dem Boden des Judentums hervorwachsen konnte und nur aus diesem Boden hervor seine Schüler und Anhänger, so wie sie waren, erwerben konnte; einen Mann, der hier allein, in diesem jüdischen Bereiche, in der jüdischen Zuversicht und Sehnsucht, durch sein Leben und seinen Tod gehen konnte – ein Jude unter Juden.«[20]

Ähnlich äußert sich der jüdische Religionsphilosoph Martin Buber (1878–1965). Für ihn ist Jesu Botschaft ur-jüdisch; wie das Alte Testament und das Judentum überhaupt verkündet Jesus das Königtum (Reich) Gottes, den Glauben an und die Umkehr zu Gott. Dank dieser Verbundenheit Jesu mit dem eigenen Glauben gelangte Buber dazu, sich zu Jesus als »meinem großen Bruder« zu bekennen:

»Mein eigenes brüderlich aufgeschlossens Verhältnis zu ihm ist immer stärker und reiner geworden, und ich sehe ihn heute mit stärkerem und reinerem Blick als je. Gewisser als je ist es mir, daß ihm ein großer Platz in der jüdischen Glaubensgeschichte zukommt und daß dieser Platz durch keine der üblichen Kategorien umschrieben werden kann.«

Allerdings fährt er dann fort:

»Daß die Christenheit ihn als Gott und Erlöser angesehen hat und ansieht, ist mir immer als eine Tatsache von höchstem Ernst erschienen, die ich um seinet- und meinetwillen zu begreifen suchen muß . . .«[21]

Damit spricht Buber aus, was Schalom Ben-Chorin (geb. 1913), einer der maßgebenden Vorkämpfer für ein besseres Verhältnis zwischen Juden und Christen in seinem (erstmals 1967 erschienenen) Buch »Bruder Jesus. Der Nazarener in jüdischer Sicht« so formuliert: »Der Glaube Jesu einigt uns, aber der Glaube *an* Jesus trennt uns.«[22] Einerseits ist Ben-Chorins Buch ein leidenschaftliches Bekenntnis zu Jesus, dem jüdischen Bruder; anderseits stellt es eine entschiedene Absage an den christlichen Kyrios und Messias dar. Nach seinem eigenen Geständnis bemüht sich der Verfasser, den Wurzelgrund des Christentums, das Evangelium, kennenzulernen und dabei ist er »auf ein kostbares Stück eigenen Ackers gestoßen« (191). Jesus ist dem verlorenen Sohn in dem bekannten Gleichnis vergleichbar:

»Er selbst, der Erzähler dieses Gleichnisses, wurde, freilich ganz wider seinen Willen, der ›verlorene Sohn Israels‹. Fast zwei Jahrtausende weilte er in der Fremde, während der ältere Bruder, das jüdische Volk, in der strengen Zucht des Vaters blieb. Nun aber scheint es so, daß der Prozeß der Heimholung Jesu in das jüdische Volk begonnen habe« (81).

»Jesus von Nazaret hat gelebt – er lebt fort, nicht nur in seiner Kirche, die sich auf ihn bezieht (realistischer gesagt: in den vielen Kirchen und Sekten, die ihn in Anspruch nehmen), sondern auch in seinem Volke, dessen Martyrium er verkörpert. Ist der leidende und am Kreuz verhöhnte sterbende Jesus nicht ein Gleichnis für sein ganzes Volk geworden, das, blutiggegeißelt, immer wieder am Kreuze des Judenhasses hing?« (24)

Für Ben-Chorin bewegt sich Jesus auf der Linie der Gesetzeslehrer seiner Zeit, wobei ihn, obwohl er letztlich keiner jüdischen Partei oder religiösen Strömung zuzurechnen ist, mit den Pharisäern am meisten verbindet. Die Krankenheilungen nimmt Ben-Chorin durchaus ernst; sie sind für ihn das Ergebnis einer suggestiven Kraft (vgl. 50). Eng damit verbunden ist seine Lehrtätigkeit, die Jesus freilich mit »einer stärkeren Vollmacht, als andere das gewagt haben« (14) ausübte, und die von einem veräußerlichten Glauben weg- und zu einer »Verinnerlichung des Gesetzes« hinführte, »wobei die Liebe das entscheidende und motorische Element bildete« (15): Jesus »war eben kein Dogmatiker und kein Systematiker, denn er war – Jude. Er hat aus der Situation heraus gesprochen und gehandelt, und die Verabsolutierung einzelner Sätze hieße ihm Gewalt antun« (63).

Durchgängig betont Ben-Chorin die Verwurzelung Jesu in der jüdischen Überlieferung. So entdeckt er in der Bergpredigt ein »Stück jüdischen Lehrgutes, das sich organisch in die Tradition des rabbinischen Judentums einfügt, wenngleich bestimmte individuelle Züge des Predigers sichtbar werden« (55). Ähnliches gilt von den Gleichnisreden (»Jesus, der ganz und gar ein Jude in der Tradition des jüdischen Heimatlandes war, bleibt auch hier innerhalb seiner Tradition«; 75); vom Gebet, das Jesus seine Jünger lehrt (»ein jüdisches Gebet vom ersten bis zum letzten Wort«; 91); von seiner Predigt vom Königtum Gottes (»das Herzstück der prophetischen Botschaft«; 125).

Selbst die Seder-Feier (›Abendmahl‹) ist für Ben-Chorin »nicht etwas völlig Neues, sondern eine Erneuerung der uralten Tradition« (128). In diesem Zusammenhang äußert er die Vermutung, »daß sich Jesus nicht selbst für den Messias gehalten hat« – was aber nicht ausschließt, »daß er sich als zum Opfergang bestimmt empfand. Daß dieser Opfergang dann ein *messianisches* Prädikat erhielt, mag spätere, erweiterte Deutung des Geschehens sein« (130). Jesus indessen wollte »diesem Mahl der Erinnerung an den Auszug aus Ägypten die Erinnerung an die eigene Opfertat hinzufügen« (140). Aber auch durch diesen »freiwillig gewählten Opfergang« vermochte Jesus das Reich Gottes nicht herbeizuführen – und deshalb ist er »in jüdisch-historischer Sicht ein tragisch Irrender, dessen Augen aus Liebe zu Israel verblendet wurden«, was jedoch »seiner Größe keinerlei Abbruch« tut (23). Daß Jesus sich geirrt hat, geht für Ben-Chorin auch daraus hervor, daß die Erlösung, an welche die Christen glauben, in keiner Weise greifbar ist: »Wir erwarten die vollkommene Erlösung [. . .] und kennen keine Enklaven der Erlösung inmitten einer unerlösten Welt.«[23]

Für Ben-Chorin ist *Jesus ein vorbildlicher Jude* – und *nur* Jude. Die Christen sehen in Jesus von Nazaret den erhöhten Kyrios und Christus. Aber – so Ben-Chorin – »mit ihm haben wir nichts zu tun« (188). Denn »erst mit Paulus trat das hellenistische Diaspora-Judentum entscheidend in die Bildung des Kerygmas, des christlichen Überlieferungsgutes ein«. Doch »Jesus und seine Jünger waren Juden, Ur- und Nur-Juden« (189).

Außerdem ist *Jesus ein vorbildlicher Mensch* – und *nur* Mensch. Gerade im Ölgarten zeigt er seine ganze Menschlichkeit. »Hier zittert ein Mensch um sein Leben. Und in dieser Stunde der Angst ist uns Jesus besonders nahe. Es ist mir unfaßlich, wie man diese menschliche Tragödie auf dem Hintergrund eines Dogmas von der Zweinaturenlehre Christi verstehen kann: wahrer Mensch und wahrer Gott« (148). Nie wäre es Jesus selbst eingefallen, »die Jünger aufzufordern, ihn anzubeten« (92). Selbst wenn in Jesus »hier und dort eine Ahnung messianischer Berufung als ungelöste Frage seiner Existenz aufgebrochen sein mag«, so kann »die Frage der Göttlichkeit Jesu für den Historiker und für den Juden nicht bestehen« (13).

Begreiflicherweise endet für Ben-Chorin das Geschick Jesu mit seinem Tod. Mit der Entdeckung des leeren Grabes hingegen »beginnt die Geschichte Jesu« (186). Ben-Chorin argumentiert streng historisch. Aber gerade deshalb verwundert es, daß er den Osterglauben der Jünger – der ja im Gegensatz zur Auferstehung Jesu auch für ihn historisch greifbar ist – keiner weiteren Analyse für wert erachtet. Angesichts der Tatsache, daß Jesus nach jüdischem Verständnis gescheitert ist (vgl. 23) und infolge seines Kreuzestodes als von Gott verflucht gilt (vgl. Dtn 21,22: »Ein Gehenkter ist ein von Gott Verfluchter.«), erhebt sich doch unausweichlich die Frage, wie dann seine Jünger – Juden auch sie!; (vgl. 189) – dazu gelangten, einen solchen Menschen als Weltenheiland und Menschheitserlöser zu verkünden.

Wie für Schalom Ben-Chorin stellt Jesus auch für Pinchas Lapide (geb. 1922)[24] eine Verkörperung Israels und seines Geschicks dar:

»Für Juden, die immer verfolgt wurden, die immer die ersten Opfer der Ungerechtigkeit und der Lieblosigkeit der Menschen waren, wo immer es Weltgeschichte gab, die allzu oft das Kreuz tragen mußten, an das die Christen glauben, die sich trotz aller Macht und aller Gewalt im heiligen Rest behaupten konnten, welche bessere Verkörperung können Sie für so ein Judenvolk finden, als diesen armen Rabbi von Nazaret. *Eli, Eli lama sabachtani* ist nicht nur der Psalm Davids und ein Kreuzwort Jesu, sondern, ich würde fast sagen, das Leitmotiv derer, die nach Auschwitz und Maidanek gehen mußten« (Widerstreit, 17).

Jesu Predigt und Praxis ist ganz und gar im zeitgenössischen Judentum verankert. So weist Lapide darauf hin,

»daß das Vaterunser einer Kurzfassung der Synagogenliturgie gleichkommt, daß die ganze Bergpredigt, samt der Feindesliebe, aus rabbinischen Bausteinen erstellt worden ist, daß so gut wie alle Gleichnisse Jesu nur vor ihrem jüdischen Hintergrund den vollen Sinn erschließen« (Heil, 60).

Jesus ist absolut »toratreu«; »nie und nirgends« hat er »das Gesetz des Mose gebrochen oder irgendwie zu seinem Bruch aufgefordert« (Widerstreit, 25, 26). Wohl hat er – wie andere zeitgenössische Rabbinen auch – »einige Satzungen umgedeutet«, was ihn jedoch nur »um so rabbinischer macht« (ebd., 34).

»Jesus stand zum Judentum seiner Zeit in einer Kontrastharmonie, und beide Teile dieses Wortes machen ihn für mich ur-jüdisch, ich würde fast sagen nur-jüdisch. Wieso? Daß er im Geiste jüdisch war, in sechs Dingen zumindest, steht fest: in seiner Hoffnung, in seiner Eschatologie, in seinem jüdischen Ethos, in seinem blinden Gottvertrauen, in seiner gut-jüdischen, messianischen Ungeduld und, last not least, in seinem jüdischen Leiden; das können wir aus allen vier Evangelien ohne Schwierigkeit herauslesen. Daß er oft im Kontrast stand zu seiner Umwelt, macht ihn auch jüdisch, denn ich kenne keine Leuchte des Judentums von Mose an, die nicht lebhaft Widerstand innerhalb des Judenvolkes hervorgerufen hat. Wir haben keinen größeren Juden als Mose. Lesen Sie doch bitte das Buch Exodus, wie dieses Judenvolk seinen Führer und Gesetzgeber sechsmal aus der Fassung gebracht hat, fast immer gegen ihn gemeutert hat, und zweimal kam es zu Aufständen in der Wüste, die ihn fast sein Leben gekostet haben. Dasselbe gilt für ein Dutzend andere große Juden, die viel später, so wie bei euch in der Kirche, Jahrhunderte nach ihrem Tod, ›heilig‹gesprochen wurden. Daß Jesus kontrastiert hat, daß er Feinde und Gegner hatte, das ist einer der schlagendsten Beweise seiner Größe, nicht seines Unjudentums« (Widerstreit, 23f.).

Lapide hat nichts dagegen, daß sich auch Christen auf Jesus berufen, aber –

»aber dann müssen sie sich als ›Dazugekommene‹, als ›Eingemeindete‹ im Bundesvolk erachten; als ›Mitbürger, Miterben und Mitanteilhaber der Verheißung‹, wie Paulus sie nennt (Eph 2,19; 3,6), nicht als Nachfolger, Usurpatoren, Enteigner oder gar ›Erben‹ eines noch immer quicklebendigen Israels. Beerben kann man ja, laut Duden, nur jemanden, der schon gestorben ist« (Heil, 65).

Was die Person Jesu betrifft, so bleibt für den Juden die Frage offen, »ob sich sein Wirken in seinem frommen, gottesfürchtigen Judesein erschöpft hat. In anderen Worten: War er nichts mehr als ein Wanderlehrer, Pharisäer und Parabeldichter?« (Juden und Christen, 65).
Diese Frage mag Lapide nicht mit letzter Deutlichkeit beantworten. *Einerseits* ist der Nazarener für ihn *nur* Mensch – allerdings auf exemplarische Weise:

»Seit 30 Jahren beschäftige ich mich mit ihm, seiner Lehre und seiner Wirkungsgeschichte, aber viele Rätsel bleiben unbeantwortet, etliche seiner Züge sehe ich verschwommen und seine genaue Identität entzieht sich aller Forschung. [. . .] Wenn die Bekehrung der Menschheit zum Gott Israels das vorletzte Endziel der Weltgeschichte ist, so ist die Christianisierung einer Milliarde von Menschen, die im Namen Jesu geschah, ein bedeutsamer Schritt vorwärts in dieser Heilsrichtung. Ich kann zwar Jesus weder als den Messias Israels, noch als den Erlöser einer unerlösten Welt anerkennen, aber daß Gott sich seiner bediente, um einen Ruck vorwärts, einen Fortschritt auf dem Weg zur Erlösung zu erwirken, ist eine Tatsache von profunder theologischer Tragweite. Ich kann auch seine Geburt nicht als Inkarnation Gottes – im christlichen Sinne des Wortes – akzeptieren, aber sein exemplarisches Menschsein, als ›vere homo‹, der uns viel zu sagen hat, der uns zu einem vertieften, edleren Menschsein verhelfen kann, all das ist und bleibt die Grundlage für weiterführende Gespräche« (Heil, 92f.).

Anderseits aber läßt sich aus jüdischer Sicht nicht *zum vornherein* ausschließen, daß Jesus der Messias sein *könnte:* »Christen behaupten, er sei der Heiland der Welt. Juden sagen, für uns ist er nicht – oder zumindest noch nicht – der Messias Israels« (ebd., 107). Was das konkret bedeutet, hat Lapide in dem langen Gespräch mit Karl Rahner so formuliert:

»Die Kirche betet alltäglich für die Parusie Christi, die Synagoge für die Ankunft des Messias. Da es sowohl in der christlichen Soteriologie, als auch in der jüdischen Messiaslehre nur einen einzigen und universalen Heilsbringer geben kann, so muß der so sehnlich Erwartete unser gemeinsamer Erlöser sein. Ob er Jesus von Nazaret sein wird, ist für Sie eine Gewißheit, für mich eine nicht auszuschließende Möglichkeit. Nicht mehr, aber auch nicht weniger. So steht hier also kein jüdisches Nein einem christlichen Ja gegenüber, sondern ein christliches Ja einem demütigen jüdischen Fragezeichen« (Heil, 88f.).

Für die Christen stellt die Auferstehung Jesu eine Bestätigung dafür dar, daß Jesus der verheißene Retter ist. Im Judentum hingegen ist der Auferstehungsgedanke nicht mit der messianischen Heilserwartung verknüpft (Auferstehung, 93), so daß es sich erst angesichts der eschatologischen Erfüllung erweisen wird, ob Jesus der Messias ist. Bis dahin bleibt für Lapide die Frage als solche bestehen.
Damit hat Lapide die größtmögliche Annäherung zum Christentum vollzogen, die für einen Anhänger des Judentums überhaupt möglich ist, ohne gleichzeitig seinen Glauben aufzugeben. Das kann er aber solange nicht, als die Menschheitsgeschichte den Erlöserglauben der Christen zu widerlegen und eher den Juden rechtzugeben scheint, welche noch immer auf die messianische Erlösung *warten* (vgl. Heil, 79f.).
Mit Kenntnisreichtum und Einfühlungsvermögen nähert sich auch

David Flusser, Professor für neutestamentliche Wissenschaften in Jerusalem, der Gestalt Jesu[25]. Während sich Ben-Chorin in seinem Jesusbuch vorzugsweise auf das Johannesevangelium bezieht, fußt Flussers Darstellung hauptsächlich auf den Synoptikern. Dabei versteht es sich von selbst, daß Jesus auch für ihn nur aus seinem jüdischen Milieu heraus verstanden werden kann. Wie schon für Ben-Chorin bildet auch für Flusser die radikale Liebesethik den eigentlichen Grund dafür, daß Jesus den Widerspruch der damaligen Autoritäten herausforderte – und dies, obwohl das diesbezügliche Verhalten Jesu keineswegs einen Bruch mit der jüdischen Tradition darstellte, sondern sich im Gegenteil von dieser her erst erklärt: »Man könnte aus dem antiken jüdischen Schrifttum leicht ein ganzes Evangelium zusammenstellen, ohne daß darum ein Wort von Jesus stammen würde.« Allerdings räumt Flusser gleichzeitig ein: »Dies könnte man nur darum tun, weil wir ja die Evangelien tatsächlich besitzen« (70). Dennoch muß man Jesus eine gewisse Einzigartigkeit zugestehen. Diese betrifft vor allem die Tatsache, daß er der »einzige uns bekannte antike Jude« ist, »der nicht nur verkündet hat, daß man am Rande der Endzeit steht, sondern gleichzeitig, daß die neue Zeit schon begonnen hat« (87).
Flusser zeichnet Jesus als gesetzesfrommen Juden, wobei er gleichzeitig nicht ausschließen mag, daß *Jesus selber* sich im Lauf einer inneren Entwicklung als Menschensohn im Sinne eines Erlösers und – möglicherweise – gar als Messias verstanden, sich aber darin bezüglich seines Sendungsauftrags geirrt hat. Dennoch kommt der Person Jesu eine heilsgeschichtliche Bedeutung zu, insofern er der Menschheit auf exemplarische Weise den Weg zu einem erfüllten Menschsein gewiesen hat. Keine der Jesusdeutungen von Joseph Klausner, Leo Baeck, Martin Buber, Schalom Ben-Chorin, Pinchas Lapide und David Flusser überschreitet jene Grenze, welche das kirchliche Dogma vom Gott-Menschen Jesus darstellt. Die jüdischen Jesusinterpretationen sind nicht am ›vere Deus‹ (am wahren Gottsein Jesu) interessiert. Besser ausgedrückt, sie sind insofern daran interessiert, als sie es ablehnen müssen. Aber für ein tieferes Verständnis des ›vere homo‹ (des wirklichen Menschseins) vermögen sie, wie Heinrich Fries bemerkt, viel beizutragen, nicht nur, was »den Menschen, sondern den Juden Jesus, seinen Glauben, seine Botschaft von Gottes Herrschaft und Reich« betrifft. »Die Probleme Gesetz und Evangelium, Gesetz und Gnade, die noch

nicht vollendete Erlösung sind in einer neuen Weise lebendig geworden.«[26] Gerade die Betonung von Jesu Verbundenheit mit dem Judentum macht besonders deutlich, daß das Alte Testament einen Schlüssel für das Verständnis der neutestamentlichen Literatur darstellt. Der Christ wird sich allerdings aus verständlichen Gründen weigern, der These zuzustimmen, welche in Jesus *nur* den verlorenen Sohn sieht, der nach fast zwei Jahrtausenden endlich ins Vaterhaus heimkehrt. Daß die (wie man richtiger sagen wird) Heim*holung* erst nach so langer Zeit erfolgte, ist *auch* die Schuld der Kirche, welche dem Judentum die Sicht auf Jesus eben häufig verdeckte. Dies jedenfalls gibt das Konzil implizit zu – wobei man sich fragen darf, ob das Schuldbekenntnis nicht doch etwas deutlicher hätte ausfallen müssen[27].

Eine Heimholung Jesu nicht nur ins Vaterhaus, sondern auch in sein Vaterland hat inzwischen noch auf einer anderen Ebene stattgefunden.

Nachdem Jesus im jüdischen Schrifttum über Jahrhunderte hin kaum oder überhaupt nicht erwähnt wurde – sei es aufgrund der Judengesetzgebung, sei es aus Furcht vor kirchlichen Strafmaßnahmen –, befassen sich neuere israelische Schulbücher teilweise sogar recht ausführlich mit ihm.

Pinchas Lapide hat zehn israelische Geschichtsbücher, die in der Zeit von 1946 bis 1971 in Israel in Gebrauch waren, daraufhin analysiert, was sie über Jesu Herkunft, Johannes den Täufer, die Botschaft Jesu, seinen Messiasanspruch, über seine Verurteilung und Kreuzigung, aber auch über die Evangelien und das frühe Christentum aussagen[28]. Das Ergebnis faßt er so zusammen:

»1. Nirgends wird Jesus mit der späteren Christenschuld des Judenhasses belastet, noch werden Rückschlüsse von der Kirche auf den Nazarener zuungunsten des letzteren gezogen.

2. Das Judesein Jesu, das für alle Texte selbstverständlich ist, führt zwar zu verschiedenen Interpretationen seiner historischen Rolle – Messiasanwärter, Endzeitverkünder, Volksverführer, Moralprediger oder patriotischer Rebell gegen das Heidenjoch –, aber das Resultat ist eine eindeutige, mehr oder minder betonte Identifizierung mit dem Nazarener, wenn von seinem Märtyrertod auf dem Römerkreuz die Rede ist.

3. Obzwar einige Texte von ›Abweichungen‹ Jesu vom normativen Judentum seiner Zeit sprechen, überwiegen die Erwähnungen seiner ›Toratreue‹, Bibelgebundenheit und seines jüdischen Ethos bei weitem. [. . .]
Mit der einzigen Ausnahme der Evangelien – oder ihrer Quellen –, die mit Recht als Urkunde jüdischen Glaubens beschrieben wurden, beinhalten die heutigen Schulbücher Israels zweifelsohne das sympathischste Jesusbild, das je einer Generation von jüdischen Kindern durch ihre Lehrerschaft geboten wurde« (78f.).

Seine Analyse beschließt Lapide mit einer Frage: »Könnte das jüdische Jesusbild im heutigen Unterricht Israels nicht als Vorbild für Toleranz dienen, um das Judenbild im christlichen Unterricht wahrhaft christlicher zu gestalten?« (80)

Jüdische Schriftsteller über Jesus

In den letzten Jahrzehnten haben sich auch manche jüdische Schriftsteller mit der Gestalt Jesu auseinandergesetzt.
Zu erwähnen sind hier zunächst jene historisierenden und psychologisierenden Jesusromane, welche von den vierziger bis sechziger Jahren das geschichtliche Interesse und die archäologische Neugierde der damaligen Leser befriedigten und darüber hinaus auch ihren metaphysischen Hunger stillten.
Zu dieser Art von Literatur gehört zweifellos der vielgelesene und heißumstrittene Roman »Der man fun Notzers« (1939; dt. »Der Nazarener«, 1957, Neuausgabe: Jesus. Der Nazarener, Zürich 1987) von Schalom Asch (1880–1957). Asch bedient sich der indirekten Darstellung. In der Auseinandersetzung zwischen Jochanan, einem Schüler des Nikodemus (dem vom Autor vorgeschobenen Ich-Erzähler) und einem früheren Heereshauptmann von Jerusalem, Pan Viadomsky, entsteht ein Jesusbild, das der christliche Leser als durchaus orthodox empfindet. Weil Jesus die Erneuerung des jüdischen Glaubens anstrebt, wird er in einem gesetzwidrigen Verfahren zum Tod verurteilt. Wegen seines Romans wurde Asch vor allem von aus Osteuropa stammenden

orthodoxen Juden scharf angegriffen. Man warf ihm vor, daß er für das Christentum eintrete und so die Häresie unterstütze und die Leser zur Konversion motiviere.

Durchaus von einem Christen verfaßt sein könnte auch der Jesusroman »Der Meister« (1952) von Max Brod (1884–1968). Brod bedient sich streckenweise ebenfalls der indirekten Darstellungsform; teilweise aber steht er auch über seinen Figuren und beschreibt Jesus aus der Sicht des allwissenden Erzählers. Jeschua (Jesus), der Protagonist, wird gewissermaßen eingekreist von drei weiteren Gestalten, die es dem Erzähler ermöglichen, ihn aus verschiedenen Perspektiven zu schildern. Da ist der Grieche Meleagros, ein Intellektueller mit kühlem Verstand, der als Sekretär des Pontius Pilatus in Jerusalem wohnt. Dort trifft er auf Jehuda (Judas), einen Nihilisten und früheren Studienfreund, der sich dem Meister angeschlossen hat, weil er in ihm einen Unheilspropheten sieht, der die Welt dem Untergang entgegenführt. Die dritte Hauptgestalt neben dem Meister ist seine Halbschwester Schoschana, welche die Liebe des Meleagros nicht zu erwidern vermag. Sie erwartet das Königtum Gottes, das ihr Halbbruder verkündet. Diese Verkündigung jedoch wird von den meisten seiner Anhänger als Aufruf zum Aufstand gegen die Römer mißverstanden. Jesus wird schließlich verraten, verhaftet, verurteilt. Schoschana erleidet den Tod bei dem Versuch, ihren Bruder auf dem Weg nach Golgotha zu retten. Meleagros zieht nach Galiläa und schließt sich dort den Anhängern des Meisters an. Jesus erscheint in diesem Roman als jüdischer Prophet im Rahmen der Tradition. Die Frage seiner Messianität stellt sich weniger vom Verfasser her als aus der Sicht seiner Figuren – und von diesen wird sie sehr unterschiedlich beantwortet. Auf diese Weise werden niemandes Gefühle verletzt, weder die der christlichen, noch jene der jüdischen Leser.

Als »eine der überzeugendsten Schilderungen des jüdischen Meisters aus Galiläa« gilt der Roman »Bamich'ol hazar« (»Der schmale Pfad«, 1938; engl. Übers. Tel Aviv 1968) von Ahron Abraham Kabak (1880–1944)[29]. Kabak schildert einen Jesus, der in seinem Volk fest verwurzelt ist und diesem – wie der Menschheit überhaupt – das Heil erschließen will. Seine Predigt baut so sehr auf jener der altbundlichen Propheten auf, daß er selber unter die Propheten eingereiht werden kann. Seine ganze Verkündigung zielt darauf, den Glauben an den lebendigen Gott zu wecken und zu festigen. Deutlich bringt der Verfasser das am Schluß des Gesprächs zwischen Jesus und Nikodemus zum Ausdruck, das wenige Stunden vor der Verhaftung stattfindet und welches gleichzeitig den Schluß des Romans bildet:

»Nakidom, mein Bruder! Es gibt keinen Tod in der Welt! Es gibt nur ein Übergehen von einem Leben in ein anderes. [. . .] Wenn alle Menschen in allen Ländern nicht länger an den Tod glauben und ihren Glauben an den einen lebendigen Gott heften, der in ihnen und außer ihnen waltet, in dem Kreuz da und in den Gekreuzigten – aber auch in den Kreuzigern, dann, Nakidom, ah, dann . . .«[30]

Gegen Juden und Christen polemisiert der jüdische Schriftsteller Frank Andermann (geb. 1909) in seinem Jesusroman »Das große Gesicht« (München 1970), der teilweise auf autobiographischem Erleben beruht. Der Ich-Erzähler Alfred Rubin, Jude von Geburt, projiziert die Erfahrungen seines Verfolgtseins auf den verfolgten Juden Jesus. Sein eigenes Schicksal als jüdischer Widerstandskämpfer zur Zeit des Nationalsozialismus führt ihn dazu, Jesus als Protagonisten des jüdischen Widerstands zu begreifen. Deshalb – so Rudin hinsichtlich seiner Rekonstruktion der Ereignisse – mußte einfach alles gestrichen werden, »was nicht schlichter Lebensbericht war, alles Wunderbare und Mysteriöse, alles theologisch Verbrämte und zu Glaubenszwecken Erdichtete, die ganze Legende von dem herumziehenden Prediger und Wundertäter« (103f.). Übrig bleibt eine Gestalt, die sich vom dreißigjährigen Provinzler zum entschlossenen Partisanen entwickelte und der nie an eine Auferstehung (die von den Evangelisten erfunden wurde), sondern einzig an den Aufstand dachte. Und der Petrus und Judas beauftragte, ihn zu verraten, damit so die Aufmerksamkeit von der galiläischen Widerstandsgruppe abgelenkt und die gemeinsame Sache gerettet würde. Damit greift Andermann eine These auf, die vor ihm schon Joel Carmichael (»The Death of Jesus«, New York 1963; dt. 1965) und Robert Eisler (»Jesus Basileus ou basileusas. Die messianische Unabhängigkeitsbewegung vom Auftreten Johannes des Täufers bis zum Untergang Jakobs des Gerechten«, Heidelberg 1929/30) vertreten hatten. Den Vorwurf, daß Jesus von seinen Anhängern zu einer »Jammergestalt« (88) gemacht wurde, werden diese begründeterweise

zurückweisen. Aber auch die Vertreter des jüdischen Glaubens können über Andermanns Versuch, Jesus für das Judentum zurückzugewinnen, nicht froh werden; denn sein Jesus ist ein Mensch ohne Glauben.
Auf jesuanische Spurelemente stößt man auch in einigen der bekanntesten Gedichte zeitgenössischer jüdischer Dichter. Erinnert sei an Nelly Sachs (1891–1970: »Immer noch Mitternacht«; »Dornengekrönt«; »David«) und Paul Celan (1920–1970: »Tenebrae«; »Psalm«; »Mandorla«), aber auch an Hilde Domin (geb. 1912), deren wenige Zeilen umfassendes Jesusgedicht »Ecce Homo« hier stellvertretend für die jüdische Jesuslyrik unserer Zeit stehen mag:

»Weniger als die Hoffnung auf ihn

das ist der Mensch
einarmig
immer

Nur der Gekreuzigte
beide Arme
weit offen
der Hier-bin-Ich«[31]

Ergebnisse, Fragen, Konsequenzen

Zusammenfassend sind einige Ergebnisse, Fragen und Konsequenzen festzuhalten.
Feststellen ließ sich, daß das jüdische Interesse an Jesus in den letzten Jahrzehnten neu erwacht und daß dieses Interesse, aufs ganze gesehen, keiner polemischen Absicht entspringt. Jüdische Religionsphilosophen, Gelehrte und Literaten haben nach einer Jahrhunderte währenden Ausbürgerung Jesus im Judentum wiederum Heimatrecht gewährt. Sie sehen in ihm geradezu eine Leuchte des Judentums. Das gilt jedoch nur für einzelne bedeutende Vertreter des Judentums. Manche von ihnen (u. a. Ben-Chorin, Lapide) weisen darauf hin, daß sich im Schicksal Jesu das Geschick des jüdischen Volkes widerspiegelt. Jesus wird so zum Prototypen der verfolgten Juden, seine Passion zum Sinnbild für

die Leiden seines Volkes. Auf ergreifende Weise hat das auch der ostjüdische Maler Marc Chagall in seiner »Weißen Kreuzigung« (1938) zum Ausdruck gebracht: inmitten erschlagener Juden, zerstörter Häuser, brennender Synagogen und versengter Torarollen hängt Jesus am Kreuz, bekleidet mit dem Tallit, dem jüdischen Gebetsmantel.
Das gegenwärtige jüdische Interesse an Jesus richtet sich darauf, *was* der Nazarener lehrte und *wie* er lebte, nicht aber darauf, *wer* er nach christlichem Verständnis ist.
In diesem Zusammenhang hat der Exeget Franz Mußner eine Frage aufgeworfen, welche, obwohl von grundlegender Bedeutung für das jüdisch-christliche Gespräch, von der christlichen Theologie nie ernsthaft diskutiert wurde, nämlich: »War Jesus von Nazaret für Israel im Sinne des späteren christologischen Dogmas erkennbar?«[32] Mußner weist darauf hin, daß bereits die »›obskure‹ Herkunft Jesu« in der Auseinandersetzung um seine Sendung eine nicht zu unterschätzende Rolle gespielt hat (313), weil Israel »seine Herkunft und seinen Anspruch nicht miteinander vereinbaren« konnte (320), und daß »in einer der härtesten Szenen, die Markus aus ältestem Jesusmaterial kannte« (314), selbst die Angehörigen Jesu davon überzeugt waren, daß er »von Sinnen« – also verrückt – sein müsse (Mk 3,20f.). Wenn aber – so fragt nun Mußner – die messianisch-göttliche Sendung Jesu sogar seinen engsten Verwandten verborgen blieb – »wie sollte ihn dann erst ganz Israel erkennen?« (315). Diese Frage ist um so berechtigter, wenn man bedenkt, daß das spätere kirchliche Christusbekenntnis auf die Entfaltung des *Selbstverständnisses Jesu* zurückgeht und nicht auf die damaligen *jüdischen Messiasvorstellungen*. Anders ausgedrückt, die meisten von Jesu Zeit- und Glaubensgenossen vermochten ihn nicht mit dem Messias zu identifizieren, weil für sie mit diesem Begriff ganz andere Erwartensinhalte verbunden waren. »Besonders das christliche ›Dogma‹, der *gekreuzigte* Jesus von Nazaret sei der verheißene Messias, ist und bleibt für den Juden ein ›Skandal‹ (vgl. 1 Kor 1,24). Dafür muß der Christ Verständnis haben« (317). Natürlich darf hier der von Paulus erhobene Vorwurf der Verstockung Israels (vgl. Röm 11,28–32) nicht unterschlagen werden. Nur: Paulus konstatiert lediglich den Ungehorsam Israels, ohne nach den Gründen und Hintergründen zu fragen. »Von einem Schuldnachweis ist nicht die Rede« (331). Paulus argumentiert weder anthropologisch noch psycho-

logisch, sondern rein theo-logisch: Die Wege, auf denen Gottes Heilsabsicht *dennoch* ihr Ziel erreicht, sind unergründlich (vgl. Röm 11,32f.)!

Gewiß gibt es Juden, die sich dem Christentum zugewandt haben. Bekannte Beispiele sind der Oberrabbiner von Rom, Italo Zolli (eigentlich: Israel Zoller), der sich am 13. Februar 1945 auf den Namen seines Ehrenpaten Eugenio (Pacelli = Pius XII.) taufen ließ; die Pädagogin Edith Stein, die über der Lektüre der Autobiographie der hl. Teresa von Avila zum katholischen Glauben hinfand; die Philosophin Simone Weil, die aber bewußt ungetauft blieb, aus Solidarität mit jenen, die den Weg zur Kirche nicht finden.

Daß solche Konversionen die Ausnahme bilden, hängt zweifellos mit dem im Neuen Testament grundgelegten Christusbekenntnis (wahrer Gott vom wahren Gott, eines Wesens mit dem Vater; Mittler zwischen Gott und den Menschen; Erlöser der Menschheit...) zusammen, das für die weitaus meisten Juden unannehmbar ist und bleibt. Den wohl wichtigsten Grund dafür hat der jüdische Religionsphilosoph Franz Rosenzweig (1886–1929) so formuliert: »Was Christus und seine Kirche in der Welt bedeuten, darüber sind wir einig: es kommt niemand zum Vater denn durch ihn. Es *kommt* niemand zum Vater – anders aber, wenn einer nicht mehr zum Vater zu kommen braucht, weil er schon bei ihm *ist*. Und dies ist nun der Fall des Volkes Israel (nicht des einzelnen Juden).«[33]

Gegen die Messianität Jesu spricht aus jüdischer Sicht die Tatsache, daß unsere Welt noch immer unerlöst ist. Darauf haben schon die mittelalterlichen Rabbinen verwiesen. Für die Christen hingegen ist Erlösung und damit Heil in Jesus *schon* sichtbar geworden, aber *noch nicht* voll verwirklicht. Daß »die gesamte Schöpfung bis zum heutigen Tag seufzt und in Geburtswehen liegt« (Röm 8,22), spricht nach christlichem Verständnis nicht gegen den Erlöser, sondern gegen die Erlösten, welche die von Jesus eröffnete neue Lebensmöglichkeit nur teilweise oder gar nicht erfassen und so die Gabe der Erlösung selbst zurückweisen.

Dogmatisch hat sich zwischen Juden und Christen keinerlei Annäherung ereignet. Aber dank der Auseinandersetzung jüdischer Denker mit der Person Jesu begannen sich die Christen wiederum auf die Wurzeln ihres Bekenntnisses zu besinnen. Während die Juden aufgrund ihres

Glaubensverständnisses in den neutestamentlichen Schriften nicht mehr als eine Art Nachwort zu den Büchern des Alten Bundes sehen können, haben die Christen entdeckt, daß das Alte Testament eben nicht bloß ein Vorwort zum Neuen darstellt.

In religiöser Hinsicht sind beide Gemeinschaften einander wesentlich näher gekommen, insofern die Glaubensunterschiede nicht mehr Grund zur Polemik und zur Verketzerung sind, sondern gegenseitig respektiert werden.

Dabei erweist sich immer mehr, daß, wenn die religiösen Gegensätze schon nicht überbrückt werden können, der *Mensch* Jesus zur Brücke wird, die Juden und Christen eben doch miteinander verbindet.

3 Menschensohn und Gottes Sohn: Jesus im Christentum

Die einen nennen den Mann aus Nazaret Jesus, andere Christus. Häufig begegnet man auch der Doppelbezeichnung Jesus Christus. Für die meisten Menschen sind Jesus und Christus zwei Eigennamen für ein und dieselbe Person. Anfänglich war dies aber nicht so. Mit Jesus meinte man jenen Menschen, der zu Beginn unserer Zeitrechnung in Palästina lebte und wirkte und unter dem Landpfleger Pontius Pilatus gekreuzigt wurde. Kurzum, Jesus ist ein *Eigenname*. Der Ausdruck Christus hingegen bezieht sich auf die *Bedeutung,* die dieser Jesus für seine Anhänger besitzt. »Jesus Christus« ist demnach das kürzeste Glaubensbekenntnis: Der Mensch Jesus von Nazaret *ist* der Christus. Christós: damit übersetzte man im Griechischen das hebräische Wort *maschiach* (Messias), was nichts anderes heißt als »der Gesalbte«. Diesen Begriff betrachtete man schon sehr früh als einen der geeignetsten, um Jesu Wesen und seine Sendung zu umschreiben.

Neutestamentliche Christusbekenntnisse

Schon von Anfang an sahen sich die Anhänger Jesu vor erhebliche Schwierigkeiten gestellt, wenn es darum ging zu sagen, wer Jesus ist und welche Bedeutung ihm zukommt[1]. Die ihnen zur Verfügung stehende Sprache und Begrifflichkeit erwies sich dabei als unzulänglich. Lediglich eine Möglichkeit bot sich den neutestamentlichen Verfassern, um in angemessener Weise von Jesus zu sprechen: sie bedienten sich bereits bekannter Begriffe, füllten diese aber mit einem neuen Inhalt. Gut illustrieren läßt sich dieser Sachverhalt an Hand der verschiedenen Bezeichnungen, mit denen sie Jesu Wesen und seine Bedeutung beschreiben. In der theologischen Fachsprache nennt man diese Bezeichnungen *christologische (Hoheits-)Titel.*

(1) Für die vom Judentum herkommenden Christen war der wichtigste dieser Titel jener des *Messias*.

Im Alten Testament richtete sich die messianische Hoffnung ursprünglich nicht auf eine bestimmte Gestalt, sondern auf die Ankunft des Gottesreiches. Später wurde das messianische Heil mit dem davidischen Königshaus in Verbindung gebracht, was in den Weissagungen des Propheten Natan an den König David (2 Sam 7,12–17) erstmals greifbar ist. Die Könige indessen wurden, wie die Priester und teilweise auch die Propheten, durch den Weiheakt der Salbung in ihr Amt eingesetzt. So verwundert es nicht, daß man bald in jedem König einen Messias sah, denn Messias bedeutet ja »der Gesalbte«. Nach dem Untergang des Königtums in Israel verlagerten sich die Heilserwartungen immer mehr in die Zukunft, auf einen König, der dem Volk wiederum Frieden und Freiheit bringen sollte (Jes 9,1–6; vgl. 7,14). In diese Richtung weisen zahlreiche Ankündigungen der Propheten. So heißt es etwa bei Amos:

»An jenem Tag richte ich die zerfallene Hütte Davids wieder auf
und bessere ihre Risse aus,
ich richte ihre Trümmer auf
und stelle alles wieder her
wie in den Tagen der Vorzeit.«
(Am 9,11; vgl. Mi 5,1–5; Jer 23,5f.; Ez 34,23f.)

Während des Babylonischen Exils kündigt Deuterojesaja (der anonyme Verfasser des zweiten Teils des Jesaja-Buches) einen »leidenden Gottesknecht« als Heilbringer an, der die Schuld der Menschen stellvertretend auf sich nimmt (Jes 42,1–7; 49,1–9; 50,4–9; 52,13–53,12). Sacharja spricht von zwei messianischen Gestalten, von einem Hohenpriester und einem Friedenskönig (Sach 4,11–14; 9,9f.). Bei Daniel schließlich überträgt Gott einem »Menschensohn« himmlischen Ursprungs die Herrschaft über die Völker (Dan 7,13f.).

Zur Zeit Jesu war die Messiaserwartung unter den Juden zwar allgemein verbreitet, ihr Inhalt jedoch keineswegs einheitlich festgelegt. Es gab sogar eine ganze Reihe neuer Vorstellungen. Die Zeloten, welche als Partisanen gegen die römische Besatzungsmacht kämpften, glaub-

ten an einen politisch-nationalen Führer. Viele Fromme hofften auf einen herausragenden Gesetzeslehrer. Andere wiederum dachten, daß der Messias als Hoherpriester, als Prophet oder als endzeitlicher Richter in Erscheinung treten werde.
In den Schriften des Neuen Testaments wird *Jesus* als der erwartete Heilbringer und Retter, eben als der Messias, verkündet. Vor allem die Evangelisten bemühen sich ständig um den Nachweis, daß sich die prophetischen Verheißungen in ihm verwirklicht haben: Jesus stammt aus dem Geschlecht Davids (Mt 1,1; Lk 2,4); er ist der von Jesaja angekündigte Immanuel (Mt 1,23); der leidende Gottesknecht (Mt 12,18–21), von dem Deuterojesaja spricht; der von Sacharja versprochene Friedensfürst (Mt 21,5); der Menschensohn, von dem bei Daniel die Rede ist (Mt 8,20 u. ö.). Kurzum, nach der Überzeugung des Neuen Testaments ist Jesus *der Gesalbte Gottes, der Christus, der erwartete Messias.*
Der *erwartete* Messias? Ja – und doch wieder nicht. Denn die Evangelisten zeigen ja auch, daß Jesus durch seine Lebenspraxis und durch sein Sendungsbewußtsein alle bisherigen Messiaserwartungen sprengt.
(2) Um die Messianität Jesu herauszustellen, verwendeten die ersten Christen eine ganze Reihe von weiteren Hoheitstiteln, die sie dem Alten Testament entnahmen: *Knecht* (Apg 3,26; Phil 2,7), *Prophet* (Lk 7,16; Joh 6,14; Apg 3,22f.), *Rabbi* (Lehrer, Meister: Mt 26,25), *Sohn Davids* (Mk 10,47f.; Mt 21,15), *König Israels* (Mt 21,5; Lk 19,38), *Immanuel* (Mt 1,23). Dieser Rekurs auf das Alte Testament verwundert nicht weiter, denn bekanntlich sind die ersten christlichen Gemeinden im palästinensischen Raum entstanden.
Mehr Gewicht auf längere Zeit hatte allerdings der Begriff *Menschensohn.* Im alttestamentlichen Schrifttum (vor allem beim Propheten Ezechiel; vgl. aber auch Ps 8,5; Ijob 25,6 u. ö.) handelt es sich dabei häufig um einen gehobenen Ausdruck, der den Menschen bezeichnet. Im Daniel-Buch ist von einem Menschensohn die Rede, der »mit den Wolken des Himmels« kommt, und dem »Herrschaft, Würde und Königtum gegeben« werden (Dan 7,13f.). Möglicherweise ist damit das Volk Israel gemeint. Sicher ist, daß der Begriff Menschensohn zur Zeit Jesu noch keine festumrissene Bedeutung hatte.

In den synoptischen Evangelien lassen sich drei Gruppen von Menschensohn-Worten unterscheiden: zunächst einmal solche, die vom gegenwärtig wirkenden Menschensohn sprechen (Lk 9,58: »Der Menschensohn hat keinen Ort, wo er sein Haupt hinlegen kann.«); dann jene, die vom leidenden und auferstehenden Menschensohn handeln (Mk 9,31: »Der Menschensohn wird den Menschen ausgeliefert, und sie werden ihn töten; doch drei Tage nach seinem Tod wird er auferstehen.« Vgl. Mk 8,31; 10,33; 14,41); schließlich Aussagen über einen Menschensohn, der am Ende der Zeiten auf den Wolken des Himmels kommen wird. Diese letzte Gruppe von Menschensohnworten ist insofern von besonderer Bedeutung, als hier die Entscheidung des Menschen für oder gegen Jesus ausschlaggebend ist für die Entscheidung, welche der Menschensohn für oder gegen den Menschen treffen wird: »Denn wer sich vor dieser treulosen und sündigen Generation meiner und meiner Worte schämt, dessen wird sich auch der Menschensohn schämen, wenn er mit den heiligen Engeln in der Hoheit seines Vaters kommt« (Mk 8,38; vgl. Lk 12,8–10).
(3) Bekanntlich ist außer dem Titel Christus (der schon sehr bald als Eigenname empfunden wurde) keine der judenchristlichen Hoheitsbezeichnungen in das kirchliche Glaubensbekenntnis eingegangen. Das hängt damit zusammen, daß sich das Christentum vor allem in der griechischsprechenden jüdischen Diaspora und im hellenistisch-heidnischen Bereich auszubreiten begann. Um die Bedeutung Jesu im hellenistischen Kulturraum verständlich zu machen, ergab sich die Notwendigkeit, die palästinensischen Begriffe und Denkmodelle zu übersetzen und zu ersetzen. Dazu bot sich zunächst einmal der griechische Begriff *Kýrios* an, welcher *Herr* bedeutet. Für die Judenchristen in der Diaspora drückte diese auf Jesus angewandte Hoheitsbezeichnung Herr seine Göttlichkeit aus, weil in ihrer griechischen Bibelübersetzung, der Septuaginta, mit dem Kyrios-Titel der hebräische Gottesname Jahwe wiedergegeben wurde.
Nach dem Alten Testament ist Jahwe der Herr der gesamten Erde (Jos 3,11; Mi 4,13; Ps 97,5). Als Anruf Gottes wird die Anrede »Mein Herr« so häufig verwendet, daß sie geradezu einem Eigennamen gleichkommt. Zu wiederholten Malen bezeichnen auch die neutestamentlichen Verfasser Gott als Herrn, vor allem wenn sie das Alte Testament zitieren. Ein Beispiel dafür bildet die Erzählung des Markus

vom Einzug Jesu in Jerusalem: »Hosanna! Gesegnet sei er, der kommt im Namen des Herrn« (Mk 11,9 = Ps 118,25f.)!
Das Überraschende ist nun allerdings, daß die neutestamentlichen Autoren den Titel ›Herr‹ (Kyrios) auf Jesus selbst anwenden und ihn so Gott, dem Herrn, gleichstellen. Indem sie *Jesus* als Herrn preisen, verleihen sie dem Glauben an seine Göttlichkeit Ausdruck: »Jesus Christus ist der Herr« (Phil 2,11).
Gewichtige Gründe sprechen dafür, daß Jesus schon sehr früh als Herr verehrt und angerufen wurde. Sowohl in der Apostelgeschichte (22,10) wie auch im ersten Korintherbrief (16,22) findet sich die sehr alte aramäische Anrufung »Marana tha«, was soviel bedeutet wie *»unser Herr,* komm!«. Dieser Gebetsruf geht auf die liturgischen Versammlungen der Jerusalemer Urgemeinde zurück, von der ihn Paulus vermutlich übernommen hat. Für unsere Problematik – Bedeutung Jesu für die ersten Christen – ist dieser aramäische Kultruf deshalb wichtig, weil er beweist, daß Jesus nicht erst von den missionierten Heidenchristen, sondern schon von den Judenchristen, also bereits kurze Zeit nach seinem Tod, als Herr und damit als Gott verehrt wurde.
Darüber hinaus ist die Tatsache bemerkenswert, daß alttestamentliche Stellen, in denen von *Jahwe* als dem Herrn die Rede ist, im Neuen Testament auf Jesus angewandt werden.
»Bereitet dem Herrn den Weg!« Bei diesem Aufruf, den Johannes der Täufer auf Jesus bezieht (Mk 1,3), handelt es sich um ein Jesaja-Zitat (Jes 40,3). Jesaja aber meint mit dem Herrn Jahwe. Wenn Paulus sagt, daß jeder, der den Namen des Herrn anruft, gerettet wird (vgl. Röm 10,13), denkt er dabei an Jesus (vgl. Röm 10,9). Der Prophet Joel hingegen, den Paulus zitiert, bezieht sich auf Jahwe, den Gott Israels (vgl. Joel 3,5). Zahlreiche andere neutestamentliche Stellen ließen sich anführen, in denen der Kyrios-Titel auf Jesus angewandt wird, um so seine Gottheit zu betonen.
(4) Schließlich ist noch auf eine neutestamentliche Hoheitsbezeichnung hinzuweisen, welche für die spätere Bekenntnisentwicklung von fundamentaler Bedeutung sein sollte und die noch heute die am weitesten verbreitete christologische Glaubensformel darstellt: Jesus ist der *Sohn Gottes*.
Als Überschrift über dem ältesten Evangelium, jenem des Markus, stehen die Worte: »Anfang des Evangeliums von Jesus Christus, dem

Sohn Gottes« (Mk 1,1). Die Frage, ob es sich dabei um eine Hinzufügung eines Kopisten handelt, braucht uns hier nicht zu beschäftigen. Die Überschrift ist insofern berechtigt, als das Markusevangelium tatsächlich auf das Christusbekenntnis des Hauptmanns hin angelegt ist, welches dieser nach Jesu Tod ablegt: »Wahrhaftig, dieser Mensch war Gottes Sohn« (Mk 15,39). Was bedeutet das aber: Jesus ist der Sohn Gottes?

Daß es sich dabei nicht um eine rhetorische Frage handelt, vermögen zwei einfache Hinweise zu verdeutlichen. Im alttestamentlichen Sprachgebrauch wird das Volk Israel als ganzes zu wiederholten Malen als »Gottes erstgeborener Sohn«, bzw. als »Gottes Sohn« bezeichnet (vgl. u. a. Ex 4,22; Hos 11,1). Und nach dem Verständnis des Neuen Testaments sind alle, die an Christus glauben, »Söhne [Kinder] Gottes« (vgl. u. a. Gal 3,26; Eph 1,15; Lk 20,36) – was sich ja eigentlich von selbst versteht, wenn sie zu Gott als ihrem gemeinsamen Vater beten sollen (vgl. Mt 6,9; Lk 11,2).

Wenn im Neuen Testament aber von Jesus als dem Sohn Gottes die Rede ist, wird dieser Begriff in einem anderen Sinne verwendet. Das beweist schon die Tatsache, daß die Einzigartigkeit des Sohnseins Jesu verschiedentlich betont wird. So spricht Paulus von Jesus als dem »*Erstgeborenen* von vielen Brüdern« (Röm 8,29) und von Gottes »*eigenem* Sohn« (Röm 8,29), während Johannes Jesus als den »*einzigen* Sohn« bezeichnet (Joh 1,14; 3,16.18).

(a) Ursprünglich wurde Jesus im Zusammenhang mit seiner Auferwekkung als Sohn Gottes bekannt. Daran erinnert noch die Einleitung, die Paulus seinem Brief an die Römer vorausschickt. Der Apostel verweist auf seine Berufung, »das Evangelium Gottes zu verkünden: [. . .] von seinem Sohn, der dem Fleisch nach geboren ist als Nachkomme Davids, der dem Geist der Heiligkeit nach *eingesetzt ist als Sohn Gottes in Macht* seit [wörtlich: aus, aufgrund] der Auferstehung von den Toten, das Evangelium von Jesus Christus, unserem Herrn« (Röm 1,2–4). *Der Abstammung nach* ist Jesus zum Messias bestimmt. Zum Sohn Gottes eingesetzt aber wird Jesus *aufgrund seiner Auferstehung*.

Als Vorstellungsmodell für diese Einsetzung Jesu in seine Sohnschaft diente das Krönungsritual der Könige Israels, welche anläßlich ihrer Thronbesteigung zu »Söhnen Gottes« wurden. Deutlich bringt das der zweite Psalm zum Ausdruck. Dort wird beschrieben, wie Jahwe bei der Inthronisation des Königs spricht: »Mein Sohn bist du [der du jetzt König bist]. Heute [anläßlich deiner Thronbesteigung] habe ich dich gezeugt« (Ps 2,7). Was die Inthronisation für den König ist, bedeutet nach diesem Verstehensmodell die Auferweckung für Jesus: er wird zum Sohn Gottes eingesetzt (»gezeugt«). Auf diese Vorstellung greift auch der Verfasser der Apostelgeschichte zurück: »So verkünden wir euch das Evangelium: Gott hat die Verheißung, die an die Väter ergangen ist, an uns, ihren Kindern, erfüllt, indem er Jesus auferweckt hat, wie es schon im zweiten Psalm heißt: Mein Sohn bist du, heute habe ich dich gezeugt« (Apg 13,32f.). Aufgrund der Auferweckung also wird Jesus als Sohn Gottes »inthronisiert«.

(b) In der Folge gab man sich Rechenschaft darüber, daß diese »Inthronisation« Jesu letztlich nichts anderes ist als die Bestätigung seines irdischen Lebens und Wirkens. Mit anderen Worten, man erkannte, daß Jesus nicht erst durch die Auferweckung von Gott zu seinem Sohn »gemacht« wurde, sondern schon während seines irdischen Daseins in Sohnesvollmacht gehandelt hatte. Diese Erkenntnis schlug sich in den Erzählungen von seiner Taufe und von seiner Verklärung nieder. So wird Jesus bei den Synoptikern bereits anläßlich seiner Taufe von einer »Stimme aus dem Himmel« (und mittels Ps 2,7!) als Sohn Gottes »adoptiert«: »Du bist mein geliebter Sohn, an dir habe ich Gefallen gefunden« (Mk 1,11 parr.). Diese Annahme an Sohnes Statt erfährt eine Bestätigung bei der Verklärung Jesu (Mk 9,7 parr.).

(c) Die Frage, von welchem Zeitpunkt seines Lebens an Jesus als Sohn Gottes zu gelten habe, wurde jedoch noch weiter überdacht und vertieft. Der nächste Gedankenschritt erfolgte in hellenistischen Gemeinden, wo man sich darauf besann, daß manche große alttestamentliche Gestalten schon vor ihrer Geburt von Gott erwählt worden waren: Simson, dessen Geburt ein Engel seiner Mutter mit den Worten ankündigt: »Du wirst schwanger werden und einen Sohn gebären« (Ri 13,5); der Gottesknecht bei Jesaja, der bereits »im Mutterleib« zu seinem Dienst berufen wird (Jes 49,5); Jeremia, zu dem Gott sagt: »Noch ehe ich dich im Mutterleib formte, habe ich dich ausersehen« (Jer 1,5). Um die Erwählung Jesu von Geburt an auszudrücken, erwies sich das damals in der griechischen Welt bekannte Modell von der Jungfrauengeburt als das geeignetste, vor allem, weil damit gleichzeitig der Bezug auf die griechische Übersetzung von Jes 7,14 hergestellt werden konnte: »Die Jungfrau (parthénos) wird ein Kind empfangen, sie wird einen Sohn gebären.«[2] Die Überzeugung, daß Jesus von Anfang an Sohn Gottes ist, hat in den Kindheitsevangelien (Mt 1–2; Lk 1–2) ihren erzählerischen Niederschlag gefunden.

(d) Die weitere Durchdringung und Vertiefung des Gedankens, daß Jesus immer schon der Sohn Gottes war, führte zur Lehre von seiner Präexistenz: Bereits *vor* seinem irdischen Dasein ist der Sohn als – wie Johannes sagt – »Wort« bei Gott (Joh 1,1).

Auch diese Lehre konnte an Hand eines alttestamentlichen Denkmusters entfaltet werden. Sowohl im Buch Ijob (28,12–27) wie auch in jenem der Sprichwörter (8,22–31) ist die Vorstellung gegenwärtig, daß die Weisheit (die dort fast wie eine Person erscheint), schon vor der Erschaffung der Welt bei Gott weilte: »Als er den Himmel baute [. . .], da war ich als geliebtes Kind bei ihm« (Spr 8,27.30). Um die Präexistenz Jesu auszusagen, lag es nahe, diese Vorstellung auf ihn anzuwenden. Vor allem Johannes hat diesen Gedanken theologisch vertieft, sowohl in dem berühmten Prolog zu seinem Evangelium (1,1–18), wie auch in der nicht weniger bekannten Rede Jesu über das Himmelsbrot, in der dieser sagt, er sei »vom Himmel herabgekommen« (6,38).

Die Lehre von der Präexistenz, von der Menschwerdung und von der Erhöhung Jesu wird auch vom Apostel Paulus in seinen Briefen entfaltet. Sie war aber schon lange vor ihm Glaubensgut, wie der von ihm im Philipperbrief zitierte Christushymnus beweist, der in liturgischen Versammlungen gebetet wurde. Dieses Lied beginnt leise, verhalten, fast rätselhaft. Es beschreibt, oder besser umschreibt dann in schlichten Worten das irdische Wirken Jesu und mündet schließlich in ein feierliches Bekenntnis zu ihm als dem Christus und Herrn.

Präexistenz:	Er war Gott gleich, hielt aber nicht daran fest, wie Gott zu sein,
Menschwerdung:	sondern er entäußerte sich und wurde wie ein Sklave und den Menschen gleich. Sein Leben war das eines Menschen; er erniedrigte sich

und war gehorsam bis zum Tod,
bis zum Tod am Kreuz.

Verherrlichung: Darum hat ihn Gott über alle erhöht
und ihm den Namen verliehen,
der größer ist als alle Namen,
damit alle im Himmel, auf der Erde und unter der Erde
ihre Knie beugen vor dem Namen Jesu
und jeder Mund bekennt:
»Jesus Christus ist der Herr« –
zur Ehre Gottes, des Vaters.

(Phil 2,6–11; vgl. Kol 1,15–20)

Vom Christus der Evangelien zum Jesus der Geschichte

Wenn heute vom Sohn Gottes die Rede ist, der Mensch wurde, denken vermutlich die meisten Christen an das Geheimnis von Weihnachten: Gottes Sohn kam in diese Welt, um die Menschheit zu erlösen – wie es in dem bekannten Adventslied heißt: »Herr, send herab uns deinen Sohn ...« Unser Überblick aber zeigt, daß die Entwicklung der Frage, wer denn nun Jesus sei, gerade nicht bei seiner Präexistenz oder bei seiner Geburt ansetzte, sondern von seiner Auferweckung und seiner Erhöhung zu Gott ihren Anfang genommen hat.
Tatsächlich bildete die Auferweckung Jesu für seine Anhänger das eigentliche Schlüsselerlebnis, welches sie veranlaßte, erneut über seine Person nachzudenken. Noch präziser ausgedrückt: Es waren die *Begegnungen* mit dem Auferstandenen und die Erkenntnis, daß dieser bei Gott ist, welche die Frage nach seinem Wesen und seiner Bedeutung neu aufbrechen ließen[3].
Jesu Tod *konnte* ja vorerst gar nicht als Heilsereignis gedeutet und als solches verstanden werden. Denn dem Buch Deuteronomium zufolge galt ein »Gehenkter als ein von Gott Verfluchter« (21,23) – eine

Aussage, die man zur Zeit Jesu auch auf jene bezog, welche von den Römern am Kreuz hingerichtet wurden. Daß die Jünger Jesu nach seinem Tod fassungslos und enttäuscht und wahrscheinlich gar völlig verzweifelt waren, läßt die von Lukas überlieferte Emmaus-Geschichte noch deutlich durchblicken: »Unsere Hohenpriester und Führer haben ihn zum Tode verurteilen und ans Kreuz schlagen lassen. Wir aber hatten gehofft, daß er der sei, der Israel erlösen werde« (Lk 24,20f.). Darauf entgegnet der Auferstandene (der von den beiden Jüngern allerdings nicht erkannt wird): »Mußte nicht der Messias all das erleiden, um so in seine Herrlichkeit zu gelangen?« Und – so heißt es weiter – »er legte ihnen dar, ausgehend von Mose und allen Propheten, was in der gesamten Schrift über ihn geschrieben steht« (Lk 20,26f.). In dieser Antwort spiegelt sich jener Denk- und Vertiefungsprozeß wider, der aufgrund der Erscheinungen des Auferstandenen einsetzte und schließlich zum Glauben an Jesus als Immanuel und Erlöser, als Messias und Menschensohn, als Kyrios und Sohn Gottes führte. *Eben dieser Glaube liegt den neutestamentlichen Deutungen seiner Person zugrunde.*

Im Klartext heißt das, daß Jesus selber diese Hoheitstitel (abgesehen – vielleicht! – von der Bezeichnung Menschensohn) nie selber auf sich angewandt hat.

An dieser Stelle drängt sich eine etwas ausführliche Zwischenbemerkung auf.

Das Bekenntnis, daß Jesus der Messias und Sohn Gottes, der Herr und der Heilbringer ist, gehört in den Bereich des Glaubens; es handelt sich dabei um *dogmatische Aussagen*. Ob und wie Jesus gelebt hat, ist eine *historische Frage,* mit der sich die Geschichtswissenschaften unter Zuhilfenahme der Exegese zu befassen haben.

An Hand zahlreicher außerbiblischer Quellen läßt sich nachweisen, daß Jesus tatsächlich gelebt hat. Mehrere jüdische und heidnische Schriftsteller des Altertums erwähnen ihn in ihren Werken[4]. Auch wenn sie wenig über ihn sagen, so bilden diese nichtchristlichen Zeugnisse doch einen von den christlichen Quellen unabhängigen Beweis für die Existenz Jesu.

Die wichtigsten Quellen für die Leben-Jesu-Forschung indessen sind die neutestamentlichen Schriften, vor allem die Evangelien. Aber auch sie ermöglichen es uns nicht, eine Biographie über Jesus zusammmenzustellen. Über den weitaus größten Teil seines Lebens berichten sie uns ja nichts. Abgesehen von ein paar Episoden aus seiner Kindheit setzen die Evangelien erst mit dem Auftreten des Täufers und dem öffentlichen Wirken Jesu ein. Was dieses letztere betrifft, sind die Unterschiede zwischen den einzelnen Evangelisten teilweise so erheblich, daß die Ereignisse oft gar nicht mehr oder dann nur annähernd rekonstruiert werden können. Dazu nur ein Beispiel: Den ersten drei Evangelien zufolge dauerte das öffentliche Wirken Jesu nur etwa ein bis anderthalb Jahre, nach dem Verfasser des Johannesevangeliums hingegen zweieinhalb bis drei Jahre[5]. Diese Divergenzen hängen damit zusammen, daß die Evangelisten gar nicht beabsichtigten, *ausschließlich* historische Fakten sachlich darzustellen. Vielmehr bedienten sie sich mannigfaltiger mündlicher und schriftlicher Traditionen, welche ihrerseits beeinflußt sind von den Glaubensbekenntnissen, der Liturgie, der Missionspredigt und der Katechese der verschiedenen Christengemeinden, aus denen sie stammen. Außerdem verfaßten die neutestamentlichen Autoren ihre Schriften in der Absicht, den Glauben an Jesus als den Christus zu verkünden und diesen Glauben vor Fehldeutungen zu schützen, was natürlich die Art und Weise ihrer Darstellung beeinflußte. Und schließlich sahen sie sich genötigt, entsprechend dem Geist Jesu auf Fragen zu antworten, die sich so zu dessen Lebzeiten nicht gestellt hatten. Für sie war es durchaus legitim, Jesus Worte und Weisungen in den Mund zu legen, die nicht von ihm selber stammten, die sich aber doch aus seiner Lebenspraxis und seiner Lehre ergaben. Mit einem einzigen Satz gesagt: Die Evangelien wurden von gläubigen Menschen geschrieben, um die Gläubigen im Glauben zu bestärken und die Ungläubigen zum Glauben hinzuführen.

Damit wird nun freilich nicht behauptet, daß sich über den geschichtlichen Jesus nichts sagen lasse; im Gegenteil. Die Bibelwissenschaftler haben Methoden entwickelt, die es uns erlauben, von der Christusverkündigung der Evangelisten zur Verkündigung Jesu vorzustoßen.

Zu nennen ist hier zunächst die *Redaktionskritik*. Sie versucht festzustellen, nach welchen Gesichtspunkten die neutestamentlichen Autoren mündliche und schriftliche Überlieferungen ausgewählt, zusammengestellt und verarbeitet haben. Die *Traditionskritik* erforscht die verschiedenen Stadien dieser Überlieferungen und ihre Herkunft, während die *Formkritik* sich für die verschiedenen literarischen Formen einzelner

Texteinheiten (Gleichnis, Parabel, Wundergeschichte, Streitgespräch, Hymnus ...) interessiert und festzustellen versucht, in welchem Zusammenhang diese ursprünglich verwendet wurden. Mit Hilfe der *Literarkritik* schließlich lassen sich spätere Veränderungen, Einschübe und Überarbeitungen von Texteinheiten ausmachen.

Mittels dieser Wissenschaften nun kann man in sehr vielen Fällen feststellen, ob einzelne Worte und Werke Jesu, die in den Evangelien geschildert werden, ganz oder doch ihrem Kern oder Inhalt nach *auf Jesus selbst* zurückgehen oder ob es sich dabei bereits um theologische und katechetische Aussagen *über Jesus* handelt, die der Evangelist in sein Werk eingearbeitet hat.

Dabei sind die Bibelwissenschaftler in mühseliger Kleinarbeit zu einer ganzen Reihe von gesicherten Ergebnissen gekommen.

Feststeht: Jesus wurde noch während der Regierungszeit Herodes des Großen, also nicht nach 4 v. Chr. geboren. Seine Heimatstadt war Nazaret. Unter Pontius Pilatus, der von 26–36 n. Chr. römischer Prokurator von Judäa war, wurde er am Kreuz hingerichtet. Das Todesjahr allerdings läßt sich nicht mit letzter Eindeutigkeit feststellen, ebensowenig der Todestag, da Johannes und die Synoptiker sich hier widersprechen. Wohl nennen beide Traditionen den Freitag als Tag der Hinrichtung. Nach Markus war dieser Freitag der erste Tag des Festes, nämlich der 15. Tag des Passahmonats Nisan (Mk 14,12), während er nach Johannes der Vortag des Festes, also der 14. Nisan war (Joh 13,1.29; 18,28; 19,31)[6].

Weiter steht fest: Ungefähr mit dreißig Jahren begann Jesus sein öffentliches Wirken, das nach Johannes gegen drei, nach den Synoptikern gut ein bis zwei Jahre dauerte. Jesu Verkündigung läßt sich unter dem Begriff der Herrschaft Gottes zusammenfassen (vgl. Mk 1,14f.), von der Jesus in zahlreichen Gleichnissen sprach. Das Neue an seiner Verkündigung ist, daß er die Gottesherrschaft mit seiner Person in Verbindung brachte (Mt 12,28 par.). Keinerlei Zweifel unterliegt die Tatsache, daß Jesus – wie übrigens auch andere seiner Zeitgenossen (vgl. Mt 12,27 par.)! – Wunder wirkte, die er als Tat Gottes und als Zeichen von dessen begonnener Herrschaft interpretierte. Zu nennen sind hier die Heilung von Kranken und (möglicherweise) von Menschen, die man damals für besessen hielt.

Sicher belegt ist auch Jesu Umgang und seine Mahlgemeinschaft mit

Sündern – oder solchen, die dafür gehalten wurden, weil sie die Gesetzesvorschriften nicht kannten und deshalb auch nicht beobachten konnten. Die üble Nachrede, die ihm sein Verhalten eintrug – »Fresser und Säufer; Freund der Zöllner und Sünder« (Mt 11,19 / Lk 7,34; vgl. Mk 2,16 parr.) – hält historischer Kritik stand und zeigt gleichzeitig, daß Jesus »kein Bußprediger war, der ganz Palästina in ein Kloster für Asketen verwandeln wollte«[7].

Grundsätzlich hat Jesus weder die Tradition, noch den Sabbat, noch die Reinigungsvorschriften abgelehnt. Wohl aber hat er dies alles relativiert, denn »der Sabbat ist für den Menschen da, nicht der Mensch für den Sabbat« (Mk 2,27). Der Ansicht der meisten Exegeten zufolge handelt es sich hier um ein authentisches Jesuswort.

Nicht auf Betreiben des jüdischen Volkes, sondern unter dem Druck jüdischer Behörden verurteilte Pilatus Jesus zum Tod. Hinsichtlich der *konkreten* Gründe, welche die Obrigkeit veranlaßten, Jesus unschädlich zu machen, sind wir auf Hypothesen angewiesen. Wahrscheinlich stellte er durch seine Predigt und sein Verhalten das damals herrschende religiöse System und damit die Interessen der herrschenden religiösen Führer in Frage.

Die Auferstehung Jesu entzieht sich der historischen Nachforschung; sie wird auch von keinem der Evangelisten beschrieben. Geschichtlich gesichert hingegen ist die Behauptung, daß der Auferstandene erschienen ist – und die Tatsache, daß die Jünger an seine Auferweckung glaubten.

Der Anspruch Jesu

Inzwischen dürfte deutlich geworden sein, worum es bei einer textkritischen Lektüre der Evangelien geht: nämlich um den Nachweis, daß der Anspruch Jesu, der verheißene Retter zu sein, von diesem selbst erhoben und ihm nicht erst nach seinem Tod von anderen zugeschrieben wurde. Mit anderen Worten: es gilt aufzuzeigen, daß die Hoheitstitel – Sohn Gottes, Messias, Herr, Erlöser – die Jesus für sich selber nicht gebraucht hat, in seinem Handeln und in seiner Verkündigung begründet sind. Noch einmal anders gesagt: Am Verhalten des geschichtlichen

Jesus muß ersichtlich sein, daß das ausdrückliche Bekenntnis zu ihm als dem Sohn Gottes die legitime Entfaltung seines Selbstverständnisses darstellt.

Weil es der modernen Exegese gelungen ist, den Weg vom Christusbild der Evangelien bis hin zum geschichtlichen Jesus zurückzulegen, ist es ihr auch möglich, die Kontinuität zwischen dem Anspruch, den der Mann aus Nazaret erhoben hat, und dem von der Kirche verkündigten Christus nachzuweisen.

Worin aber besteht dieser Anspruch, mit dem Jesus seinen Zeitgenossen gegenübergetreten ist? Und in welcher Form hat er ihn erhoben?

(1) Auf den ersten Blick scheint sich Jesus von einem Rabbi oder einem Propheten oder Weisheitslehrer, wie sie zu seiner Zeit auftraten, nicht zu unterscheiden. Aber Jesus spricht nicht wie die anderen Lehrer, sondern mit einer Autorität, die keiner vor ihm in Anspruch genommen hat: »Ihr habt gehört, daß zu den Alten gesagt worden ist . . . *Ich* aber sage euch . . .« (Mt 5,21 u. ö.). Während andere Lehrer das Gesetz nur kommentieren, legt Jesus es auf verbindliche Weise aus.

Er sagt auch nicht wie die Propheten des Alten Testaments: »Wort Gottes« oder »Spruch des Herrn«, sondern »Amen, Amen *ich* sage euch« (Mt 5,18 u. ö.).

Selbst wenn manche Amen-Worte Jesu als Gemeindebildungen betrachtet werden müssen, so darf doch eine überraschende Tatsache nicht übersehen werden. Das »Amen« dient der Bestätigung der Rede eines anderen und wird deshalb erst am Ende ausgesprochen. Jesus aber – und hier bewegen wir uns auf historischem Boden – gebraucht dieses Amen als *Einleitung* zu manchen seiner Reden. Das bedeutet, daß Jesus, im Unterschied zu anderen Propheten, nicht im Namen Gottes, sondern in seinem eigenen Namen spricht, wodurch er implizit seine Gott-Gleichheit betont.

(2) Eine zweite Beobachtung betrifft das Verhalten Jesu. Möglicherweise hat Jesus nie *ausdrücklich* Sünden vergeben. Sicher aber ist, daß er Mahlgemeinschaft pflegte mit Zöllnern und Sündern – ein für das damalige Judentum geradezu unerhörtes Verhalten. Denn der Tischgemeinschaft eignete ein religiöser Charakter. Sie bedeutete Gemeinschaft nicht nur untereinander, sondern auch vor Gott. Deshalb wird Jesus angegriffen. Denn durch sein Verhalten zeigt er den Sündern, daß sie nicht von Gott verstoßen sind. Indem er sie annimmt, läßt er sie

Vergebung *erfahren*. Damit aber stellt er sich in Widerspruch zu den damals geltenden Auffassungen und zeigt gleichzeitig, daß er sich als bevollmächtigter Interpret des Willens Gottes betrachtet. Er identifiziert sein Handeln mit dem Handeln Gottes. Daß seine Zeitgenossen das so verstanden haben, geht aus dem Vorwurf der Gotteslästerung hervor, der sich wie ein roter Faden durch die verschiedenen Traditionen hindurchzieht und der gleichzeitig den Hauptpunkt der Anklage im Prozeß gegen ihn darstellt (vgl. u. a. Mk 2,7; 14,64; Joh 15,18; 10,33).

(3) Jesu (impliziter) Messiasanspruch scheint ferner auf in der Art, wie er die Jünger zur Nachfolge beruft. Bei einem jüdischen Rabbi mußte man sich bewerben und wurde dann in seinen Schülerkreis aufgenommen, um selber ein Lehrer zu werden. Nicht so bei Jesus. Jesus wählt seine Apostel frei aus. Und zwar nicht, damit sie selber Meister (Rabbi) würden. Im Gegenteil: »Ihr aber sollt euch nicht Rabbi nennen lassen; denn nur einer ist euer Meister« (Mt 23,8). Was zählt, ist einzig die radikale Nachfolge Jesu, das Bekenntnis zu seiner Person. Dieses Bekenntnis aber hat nur dann einen Sinn, wenn Jesus sich wirklich als Retter, als Erlöser der Menschheit versteht. Mit anderen Worten: Das Heil ist einzig an ihn gebunden. Das aber schließt ein Messiasbewußtsein in Jesus mit ein.

(4) Dieses messianische Selbstbewußtsein Jesu kommt auch darin zum Ausdruck, daß Jesus seinem Tod Heilsbedeutsamkeit beigemessen hat[8].

(5) Die Evangelisten unterscheiden sorgfältig zwischen der Gottesbeziehung Jesu und der seiner Jünger. Als Jesus diese das Vaterunser lehrt, sagt er: »Wenn *ihr* betet, sprecht: Unser Vater« (Mt 6,5). Sonst spricht er durchwegs entweder von »meinem Vater« (Mk 14,36; Mt 11,25) und »eurem Vater« (Lk 6,36; 12,30.32; Mk 11,25), eine Unterscheidung, die bei Johannes ihren klassischen Ausdruck findet in der Formulierung »mein Vater und euer Vater« (Joh 20,17). Historisch gesehen geht diese Unterscheidung der Sache nach auf Jesus selbst zurück und bringt damit sein besonderes Sohnesbewußtsein zum Ausdruck.

Diese ganzen Spekulationen über das *Wesen* Jesu haben allerdings nur dann einen Sinn, wenn sie gleichzeitig etwas über seine *Funktion* aussagen. Anders ausgedrückt, die Lehre von Jesus Christus (Christologie) darf nicht von der Lehre vom Heil und der Erlösung des Menschen (Soteriologie) getrennt werden, wie das seltsamerweise über Jahrhunderte hin in Theologie und Verkündigung geschehen ist.

Wenn die Christen in Jesus den Heilbringer sehen, bringen sie damit gleichzeitig ihren Glauben daran zum Ausdruck, daß der Mensch bereits erlöst *ist*. Hier sind wir nun allerdings mit einem Problem konfrontiert, das die christliche Erlösungslehre von innen her aufzulösen scheint: Wie kann man an eine bereits eingetretene Erlösung glauben, wenn man täglich erfährt, daß unsere Welt nach wie vor zerrissen und zwiespältig ist?

Tatsächlich ist das Heil, an das der Christ glaubt, mehr erhofft als gegenwärtig. Jesus verkündete die Gottesherrschaft zwar als *schon* angebrochene Wirklichkeit, die aber längst *noch nicht* zur Vollendung gelangt ist. In Jesus Christus besitzt der Gläubige die *Verheißung* der vollkommenen Erlösung.

Diesen Dynamismus zwischen dem ›Schon‹ und dem ›Noch nicht‹, der sich durch das ganze Neue Testament hindurchzieht (vgl. u. a. Joh 5,24 mit Joh 5,28f.; 6,39f.), hat Paulus theologisch aufgearbeitet:

»Wir wissen, daß die gesamte Schöpfung bis zum heutigen Tag seufzt und in Geburtswehen liegt. Aber auch wir, obwohl wir als Erstlingsgabe den Geist haben, seufzen in unserem Herzen und warten darauf, daß wir mit der Erlösung unseres Leibes als Söhne offenbar werden. Denn wir sind [schon] gerettet, doch [nur] in der Hoffnung. Hoffnung aber, die man schon erfüllt sieht, ist keine Hoffnung. Wie kann man auf etwas hoffen, das man sieht? Hoffen wir aber auf das, was wir nicht sehen, dann harren wir aus in Geduld« (Röm 8,22–25).

Paulus spricht seine Mitchristen hier auf eine neue Erfahrung hin an: auf die Spannung, die sich für sie ergibt aus dem erhofften Heil und dem gegenwärtigen Leid. Das Christentum übersieht keineswegs die Gebrochenheit der Welt, sondern nimmt sie um so ernster, je größer der Kontrast ist zur noch ausstehenden Vollendung. Dem Glaubenden ist keine heile Welt und keine leidlose Existenz verheißen. Der Glaube überspielt nicht die negativen Seiten dieser Welt, aber in gewisser Weise relativiert er sie, weil er die Gewißheit vermittelt, daß weder

Schmerz noch Leid noch Tod das letzte Wort haben; dieses Wort behält Gott selbst sich vor.
Die christliche Erlösungslehre schließt demnach ein, daß das neue Leben sich unter den Bedingungen des alten abspielt. Ob diese Bedingungen zum Besseren hin verändert werden, hängt *auch* vom Einsatz des Menschen ab. Zwar vermag dieser das Reich Gottes nicht aus eigener Kraft herbeizuzwingen. Wohl aber kann dieses, und das damit verbundene Heil, erbetet (Mt 6,10) und angenommen (Mk 10,15) werden. Gott erlöst den Menschen nicht gegen seinen Willen und ohne sein Zutun. Dies jedenfalls behauptet Jesus selbst in einer kurzen Gleichnisrede: Es ist reiner, unverdienter Zu-fall, daß der Mann den Schatz im Acker entdeckt und der Kaufmann die besonders schöne Perle findet. Aber beide müssen ihrerseits ihr Vermögen verkaufen, um in den Besitz des Fundes zu gelangen (vgl. Mt 13,44–46).
Überzeugend kann der Christ den Einwand, nach welchem die Welt bis heute unerlöst sei, nur durch den Tatbeweis entkräften. Das schließt ein, daß die Erlösungslehre für den Gläubigen nicht nur in bezug auf seine individuellen Hoffnungserwartungen, sondern auch hinsichtlich seiner Stellung zu gesellschaftlichen Einrichtungen, öffentlichen Institutionen und politischen Entwicklungen Konsequenzen zeitigt. Fragen wie solche nach der Weltwirtschaftsordnung, der Arbeitermitbestimmung, der Gleichberechtigung der Geschlechter, der Entwicklungshilfe, des Umweltschutzes haben etwas mit Gerechtigkeit und mit Nächstenliebe und damit mit der Verwirklichung des Willens Gottes unter den jeweiligen gesellschaftlichen Bedingungen zu tun. In ihrem Beschluß »Unsere Hoffnung« hat die Gemeinsame Synode der Bistümer in der Bundesrepublik diesen Sachverhalt auf die einleuchtende Formel gebracht: »Das Reich Gottes ist nicht indifferent gegenüber den Welthandelspreisen.«

Wahrer Gott und wahrer Mensch

Unsere bisherige Darstellung zeigt, daß die neutestamentlichen Schriftsteller Jesus nicht zum Messias und Sohn Gottes *gemacht* haben. Vielmehr explifizieren und verdeutlichen sie lediglich den Anspruch,

den der geschichtliche Jesus weniger artikuliert aber deswegen nicht weniger entschieden für sich erhoben hat, nämlich der end-gültige Heilbringer und Bote Gottes zu sein. Dabei bedienen sie sich einer *ihren* Zeitgenossen verständlichen Sprache und Begrifflichkeit. Einerseits geht es ihnen darum, Jesu Gottheit hervorzuheben – denn nur Gott schafft, was der Mensch aus eigenen Kräften nicht vermag: Heil und Erlösung zu bringen. Anderseits verlieren sie aber auch seine Menschheit nie aus dem Blick – denn wäre Jesus nicht ganz und gar Mensch, was hätte dann sein Erlösungswerk noch mit uns zu tun?
Wie aber lassen sich die Gottheit und die Menschheit in Jesus zusammendenken? Diese Frage stand am Anfang einer überaus komplizierten und verwirrenden Geschichte, die wir hier nur in groben Zügen nachzeichnen können[9].
(1) Schon die allerersten christologischen Irrlehren entstanden aufgrund der Schwierigkeit, Jesu Menschheit mit seiner Gottheit in Einklang zu bringen. Entweder leugnete man sein wahres und wirkliches Menschsein und sprach ihm lediglich einen Scheinleib zu – wogegen aber schon der Märtyrerbischof Ignatios von Antiocheia († um 117) einwandte, daß Jesus dann auch nur zum Schein gelitten und die Menschen bloß scheinbar erlöst hätte[10]. In diesem Zusammenhang spricht man vom *Doketismus* (vom Griechischen dokeĩn = scheinen). Oder man behauptet, daß der Mensch Jesus von Nazaret erst bei der Taufe oder bei der Auferstehung von Gott zu seinem Sohn gemacht, bzw. an Sohnes Statt angenommen wurde – daher die Bezeichnung *Adoptianismus*. Keine dieser beiden Theorien aber ist vom Neuen Testament abgedeckt. Was die letztere angeht, so haben wir bereits gesehen, daß die »Adoptionsformeln« in den Auferweckungs-, Verklärungs- und Tauferzählungen nur *einzelne* Momente der christologischen Reflexion betreffen, welche den *ganzen* Bogen von der Präexistenz bis zur Wiederkunft Christi umfaßt. Ebensowenig wie der Doketismus hat der Adoptianismus im Neuen Testament einen Anhalt. Jesus tritt keineswegs als eine Art verkleideter Gott in Erscheinung. Vielmehr ist es für die Evangelisten geradezu selbstverständlich, daß Jesus voll und ganz Mensch ist: Er spürt menschliche Bedürfnisse wie Hunger (Mt 21,18) und Durst (Joh 4,6; 19,28), Müdigkeit und Erschöpfung (Mk 4,38; Joh 4,6) und zeigt menschliche Gefühlsregungen wie Zorn und Niedergeschlagenheit (Mk 3,5), Trauer (Mt 26,37) und Freude (Lk

10,21), Erschütterung (Joh 11,33) und Schmerz (Lk 19,41; Joh 11,35). Auf geradezu drastische Weise betonen die Evangelisten Jesu Menschheit in den Passionserzählungen, wobei Markus und Matthäus ausdrücklich auf die Erfahrung seiner Gottverlassenheit am Kreuz hinweisen (Mk 15,34; Mt 27,46 = Ps 22,2; vgl. Hebr 5,7). Das Problem bestand also gerade darin, die Gottheit vom *Menschen* Jesus auszusagen. Das geht unter anderem daraus hervor, daß Lukas und Johannes, wohl aus Furcht vor Mißverständnissen, den Todesschrei Jesu – »Mein Gott, warum hast du mich verlassen« (mit diesen Worten beginnt der 22. Psalm) – durch ein anderes Psalmwort ersetzen. Bei Lukas betet Jesus: »Vater, in deine Hände lege ich meinen Geist« (Lk 23,46 = Ps 31,6), und bei Johannes stirbt er mit dem Ruf: »Es ist vollbracht« (Joh 19,30 = Ps 22,32).

(2) Die Frage, wie sich die Gottheit und die Menschheit Jesu zueinander verhalten, führte schließlich zur ersten großen Krise, welche das Christentum zu überwinden hatte. Sie ist untrennbar mit dem Namen des Areíos (latinisiert: Arius) verknüpft, der um 260 in Lybien geboren wurde. Im syrischen Antiocheia, damals eines der bedeutendsten Kulturzentren des Orients, erhielt er eine glänzende Ausbildung. Später wirkte Areios als Pfarrer in der Hafenstadt Alexandreia am Westende des Nildeltas. Weitherum war er als heiligmäßiger Priester und großer Gelehrter bekannt. Etwa vom Jahre 315 an vertrat er in Predigten, Briefen und Gedichten die Ansicht, daß Christus keineswegs von Ewigkeit her existiere wie der Vater. Vielmehr habe dieser ihn aus dem Nichts geschaffen und an der Weltschöpfung teilnehmen lassen. Zwar ist Christus für Areios mehr als nur ein Mensch – gleichzeitig aber auch weniger als Gott, weil diesem untergeordnet. Die Theologen sprechen daher im Hinblick auf diesen Erklärungsversuch von *Subordinationismus*. Der Sohn wäre demnach nicht gottgleich, sondern allenfalls gottähnlich und damit das höchste und vornehmste aller *Geschöpfe*. Diese Theorie des Areios entsprach voll und ganz einer damals herrschenden philosophischen Strömung, welche sich Gott so weltjenseitig dachte, daß er gar nicht mit der materiellen Welt in Beziehung treten konnte und daher eines Vermittlers bedurfte.

Als Areios seine Ansichten in einer Schrift mit dem Titel »Tháleia« (Gastmahl) zusammenfaßte und veröffentlichte, wurde er von seinem

Bischof exkommuniziert und mußte nach Palästina flüchten. Später wurde er rehabilitiert und kehrte nach Alexandreia zurück.
Inzwischen aber hatte der Streit die breiten Volksmassen in zwei Lager gespalten, so daß Kaiser Konstantin auf die Sache aufmerksam wurde. Um die Einheit wiederherzustellen, berief er im Jahre 325 kurzerhand und auf seine eigenen Kosten eine Kirchenversammlung in die Stadt Nikaia in Kleinasien ein.
Anfangs herrschte auf diesem Konzil ein ziemliches Durcheinander. Die Bischöfe, unter denen sich zwar viele mutige Glaubensbekenner aber dafür um so weniger begriffsstutzige Theologen befanden, hatten alle Mühe, sich der zahlreichen – auch heidnischen – Wortkrämer zu erwehren, die ihnen ihre Dienste als Redner anboten. Das Konzil tagte im Beisein eines päpstlichen Vertreters im Palast des Kaisers und unter dessen Vorsitz.
In den langwierigen Debatten ging es eigentlich nur um einen einzigen Buchstaben, um ein *i*. Dabei handelte es sich allerdings nicht etwa um eine bloße Wortklauberei. Man diskutierte ja in griechischer Sprache, und die Frage war: Ist Jesus Christus nun »homooúsios« oder »homo-*i*oúsios«, ist er Gott wesens*gleich* oder bloß wesens*ähnlich*? Auf dem Spiel stand nichts Geringeres als die Lehre von der Gottheit Jesu, zu der sich die Konzilsväter schließlich mit einer Formel bekannten, die ins Glaubensbekenntnis der Kirche einging: Jesus Christus ist »Gott von Gott, Licht vom Lichte, wahrer Gott vom wahren Gott [. . .], *wesens-eins* mit dem Vater« (NR 155). Einfacher ausgedrückt: Das Besondere am *Menschen* Jesus ist, daß er ganz und gar auf die *Seite Gottes* gehört. Diesem Glaubensbekenntnis stimmten die meisten Konzilsteilnehmer zu; den Rest besorgte der Kaiser: Wer die Unterschrift verweigerte, wurde exkommuniziert. Die Schriften des Areios und seiner Anhänger wurden verbrannt, Areios selber in die Verbannung geschickt.
Damit aber waren bei weitem nicht alle Probleme aus der Welt geschafft. Die Lehrerklärung von Nikaia sagt zwar, *daß* in Jesus Gottheit und Menschheit vereinigt sind, aber sie gibt keine Auskunft darüber, *wie* diese Verbindung zu denken ist.
Diesbezüglich ergab sich neuer Zündstoff, als man begann, über die menschliche Seele Jesu nachzudenken. Heute verstehen wir die Seele als ein Lebensprinzip, das den ganzen Menschen prägt und formt und sich im Leib zum Ausdruck bringt. Den damaligen Theologen war die

Idee einer Leib-Seele-Einheit noch fremd; sie dachten an eine lose Verbindung, wobei der Leib praktisch als eine Art Wohnung für die Seele angesehen wurde, der diese zudem an der vollen Entfaltung ihrer Möglichkeiten hinderte.

Ausgehend von dieser Denkvoraussetzung nun versuchte ein gewisser Apollinarios von Laodikaia in Kleinasien († nach 385) die Verbindung zwischen der Gottheit und der Menschheit in Jesus zu erklären: Der ewige Logos, das Wort, das von Ewigkeit her beim Vater ist (vgl. Joh 1,1), sei bei Jesus an Stelle einer menschlichen Seele getreten. In Jesus wäre demnach der göttliche Logos als Lebensprinzip mit einem menschlichen Leib eine Verbindung eingegangen und würde zusammen mit ihm eine einzige – göttliche – Natur bilden – daher der Fachausdruck *Monophysitismus* (aus dem Griechischen: *mónos* = einzig; *phýsis* = Natur; wörtlich also Ein-Natur-Lehre). Für Apollinarios schien es undenkbar, daß ein und dasselbe Wesen zwei geistige Seelen, zwei Prinzipien des Ichbewußtseins, nämlich ein göttliches und ein menschliches, besitzen könne.

Noch zu Apollinarios' Lebzeiten, im Jahre 381, wurde seine Lehre auf dem Konzil von Konstantinopel verurteilt. Das Hauptargument gegen die Apollinaristen (wie seine Anhänger nun genannt wurden) war die Überlegung, daß Jesus nur dann als Erlöser des ganzen Menschen gelten könne, wenn er selber ganz und gar Mensch geworden sei, mit einem menschlichen Leib *und* einer menschlichen Seele.

Wohl kurz bevor Apollinarios starb, wurde Nestorios geboren (um 381 – um 451), der später in Antiocheia Theologie studierte und bald als begabter Prediger derart von sich reden machte, daß sogar der Kaiser, Theodosios II., auf ihn aufmerksam wurde. Im Jahre 428 berief ihn dieser als Patriarch nach Konstantinopel. Dort war gerade ein heftiger Streit im Gange, den ein paar fromme Marienprediger entfacht hatten, welche die Mutter Jesu als »Gottesgebärerin« priesen. Aber beileibe nicht alle vermochten den Gedanken nachzuvollziehen, daß Gott eine Mutter haben sollte; sie sahen in Maria lediglich eine »Menschengebärerin«. Nestorios versuchte zu vermitteln und schlug die Bezeichnung »Christusgebärerin« vor. Weil aber keine der Parteien nachgeben wollte, hatte Nestorios nun alle gegen sich. Natürlich nahm in der Kaiserstadt Konstantinopel auch das

Volk lebhaften Anteil an diesen Auseinandersetzungen. Es kam zu öffentlichen Tumulten, die Gottesdienste wurden gestört, organisierte Sprechchöre unterbrachen die Prediger. Nestorios warf man vor, Christus gleichsam in zwei Personen aufzuspalten, in eine göttliche und in eine menschliche, die in loser Verbindung miteinander koexistieren würden. Denn wenn Maria nur Christus- und nicht Gottesgebärerin sei, bedeute das, daß sie nur den *Menschen* Jesus geboren habe, nicht aber gleichzeitig auch Gottes ewiges Wort, den Logos.

Tatsächlich mußten einige mißverständliche Vergleiche des Nestorios den Eindruck erwecken, als würde er, trotz gegenteiliger Versicherungen, faktisch eben doch die innere Einheit zwischen dem Menschen Jesus und dem göttlichen Logos auflösen: die Menschheit Jesu, sagte er, sei sozusagen das Kleid, welches die Gottheit trage; sie sei gleichsam der Tempel, in dem sie wohne; sie sei wie ein Werkzeug, das sie gebrauche . . .

Zwar hat Nestorios stets die Einheit zwischen der Gottheit und der Menschheit Jesu betont, aber es ist ihm nicht gelungen, diese Einheit auf den Begriff zu bringen.

Bei diesem Unterfangen zeigte ein Zeitgenosse von ihm mehr Geschick: der Bischof Kyrillos († 444), der als Patriarch von Alexandreia schon deshalb ein Rivale des Nestorios war, weil man in Alexandreia Konstantinopel die Ehrenstellung neidete, die diese Stadt für sich beanspruchte. Seit dem dort abgehaltenen Konzil (381) wurde Konstantinopel als »zweites Rom« bezeichnet.

Galt Nestorios als begnadeter Prediger, so war Kyrillos ein scharfsinniger Theologe. Er erkannte die möglichen Folgerungen, die sich aus den mißverständlichen Aussagen des Nestorios ableiten ließen. Diese erweckten den Eindruck, als hätte der Logos Fleisch *angenommen*. Damit wäre ein bloßes *Einwohnen* Gottes im Menschen Jesus ausgesagt. Kyrillos dagegen betonte, unter Bezugnahme auf den Johannesprolog: Der Logos ist Fleisch *geworden*. Gottheit und Menschheit sind in Christus in gleicher Vollkommenheit gegenwärtig und aufs engste miteinander verbunden.

Da dieser Streit um die rechte Lehre nicht nur zwischen Nestorios und Kyrillos ausgetragen wurde, sondern die ganze damalige Christenheit in zwei Lager zu spalten drohte, berief Kaiser Theodosios II. auf das Pfingstfest des Jahres 431 eine allgemeine Kirchenversammlung in die

kleinasiatische Stadt Ephesos ein, welche die Einheit wiederherstellen sollte.
Auf diesem Konzil wurden die Lehren des Nestorios verurteilt und er selbst als Patriarch von Konstantinopel abgesetzt.
Ausdrücklich billigten die Konzilsväter Maria den Titel »Gottesgebärerin« zu, eine Bezeichnung, die in diesem Zusammenhang aber nichts über die Stellung Marias im göttlichen Heilsplan aussagen, sondern das Wesen Christi umschreiben will. Zur Wesenheit Christi äußerte sich die Kirchenversammlung auch, indem sie einen Brief des Kyrillos an Nestorios feierlich bestätigte, in welchem jener die Lehre von Jesu Gottheit und Menschheit so zusammenfaßt:

»Obgleich die Naturen [die göttliche und die menschliche Natur Christi], die zu einer wirklichen Einheit verbunden wurden, verschiedene sind, so ist aus ihnen doch *ein* Christus und Sohn geworden. Nicht wie wenn die Verschiedenheit der Naturen um der Einigung willen aufgehoben worden wäre, sondern so, daß Gottheit und Menschheit zusammen uns den *einen* Herrn und Christus und Sohn gebildet haben, vermöge einer unaussprechlichen und geheimnisvollen Verbindung zu einer Einheit. [. . .] Denn es ist nicht zuerst ein gewöhnlicher Mensch aus der heiligen Jungfrau geboren worden und auf diesen dann das Wort herabgestiegen, sondern aus dem Mutterschoße selbst ist er geeint hervorgegangen« (NR 172).

Ausdrücklich betont dieser Text, *daß* in Jesus Christus Gottheit und Menschheit aufs innigste, und zwar in einer »unaussprechlichen und geheimnisvollen Verbindung« miteinander vereint sind. *Welcher Art* aber ist diese Verbindung? Mit anderen Worten: Wie ist die Aussage zu verstehen, daß Jesus Christus *voll und ganz* Gott und gleichzeitig *ganz und gar* Mensch ist?
Diese Frage wurde nach mancherlei langwierigen Diskussionen erst im Jahre 451 auf dem Konzil von Chalkedon, einer Stadt am Bosporus, gegenüber Konstantinopel, begrifflich entschieden:

»Der eine und selbe Sohn ist vollkommen der Gottheit und vollkommen der Menschheit nach, *wahrer Gott* und *wahrer Mensch*. [. . .] Der eine und selbe ist *wesensgleich dem Vater der Gottheit nach* und *wesens-*

gleich auch uns seiner Menschheit nach. [. . .] Wir bekennen einen und denselben Christus, den Sohn, den Herrn, den einziggeborenen, der in *zwei Naturen* unvermischt, unverwandelt, ungetrennt und ungesondert besteht. Niemals wird der Unterschied der Naturen wegen der Einigung aufgegeben, es wird vielmehr die Eigentümlichkeit einer jeden Natur [d. h. der göttlichen und der menschlichen] bewahrt, indem beide in *eine Person* [. . .] zusammenkommen« (NR 178).

Dieser Text liest sich heute zweifellos reichlich kompliziert. Das hängt damit zusammen, daß sich die Konzilsteilnehmer in Chalkedon der damals verständlichen philosophischen Begriffe bedient haben. Zuerst schärfen sie noch einmal die Lehre von Nikaia ein, indem sie die Gottheit Jesu betonen: der Sohn ist »wesenseins« mit dem Vater. Anschließend versuchen sie zu erklären, wie sich Jesu Gottheit und seine Menschheit zum dreieinen Gott verhalten. Dazu bedienen sie sich der Begriffe »Natur« und »Person«.
Der Begriff Person bezieht sich auf das *Wer:* Gemeint ist die zweite göttliche Person, der ewige Sohn Gottes, der Logos. Der Ausdruck Natur hingegen betrifft das, *was* der ewige, menschgewordene Sohn Gottes in sich vereint, nämlich die Gottheit und die Menschheit. Seiner Gottheit nach ist er dem Vater wesensgleich. Weil er aber unsere Menschennatur angenommen hat, ist er auch uns – außer natürlich in der Sünde (vgl. Hebr 4,15) – wesensgleich.
Auch das Dogma von Chalkedon beleuchtet nur einzelne Aspekte des Christusgeheimnisses. Die Konzilsväter sahen sich gezwungen, gegen bestimmte Fehlinterpretationen Stellung zu beziehen, welche entweder die volle Menschheit Christi oder aber seine wahre Gottheit in Frage stellten. Insofern handelt es sich um eine bloße Schutzformel.
Man kann sagen, daß die *dogmatische* Entwicklung der kirchlichen Lehre über Christus mit dem Dogma von Chalkedon ihren Abschluß erreichte. Das bedeutet aber nicht, daß damit die *theologische* Vertiefung dieses Glaubensgeheimnisses zu Ende geführt worden wäre. Denn was für die Lehräußerungen der Kirche im allgemeinen gilt, trifft selbstverständlich auch für das Christusdogma zu: Verpflichtend für den Gläubigen ist nicht der Wortlaut einer Lehrentscheidung, sondern die damit gemeinte Sache.

Verschiedene Christusbilder

Die altkirchlichen Christusdogmen zeichnen kein abgerundetes Christusbild. Aufgrund der von den neutestamentlichen Autoren entworfenen Umrisse gestalten sie einzelne Züge aus, heben Teilaspekte hervor oder lassen manche Ausschnitte in kräftigeren Farben erscheinen.
Das wird über all die kommenden Jahrhunderte hin so bleiben. Gerade an Hand der künstlerischen Darstellungen, die ja nicht unabhängig von der kirchlichen Verkündigung entstanden sind, läßt sich aufs eindrücklichste belegen, daß es gar kein überzeitliches und in diesem Sinn allgemeingültiges Christusbild, sondern stets nur zeitgebundene Bilder von Christus gibt[11]. Diese Darstellungen reichen von dem bartlosen, jugendlichen Hirten der altkirchlichen Katakombenkunst über den vor zeitlosem Goldgrund thronenden Imperator und Kosmokrator bis hin zum Christkönig und Weltenrichter der romanischen Portale und Apsiden. Im 13. Jahrhundert erst wagt man es, den Gekreuzigten mit einer Dornenkrone abzubilden und so auf sein Leiden hinzuweisen. Bei Dürer und Grünewald begegnen wir einem grauenvoll gequälten Schmerzensmann; der katholische Spätbarock gibt sentimentalen Herz-Jesu-Bildern den Vorzug. Im 18. Jahrhundert kann Jesus als Apotheker auftreten, der Tugend-Pulver verabreicht, und von da ist der Weg nicht mehr weit bis zu den kraftlosen Jesusbildern der deutschen und französischen Nazarener. In eine ganz andere Richtung wiederum weisen die Darstellungen bedeutender Künstler unseres Jahrhunderts – so etwa jene von Beckmann, Corinth, Nolde, Rouault, Barlach, Matisse, Chagall . . .
Für diese Vielfalt gibt es theologische und religionspädagogische Gründe, die eng miteinander verbunden sind. Weil Jesus mehr ist als nur ein Mensch, sprengt er alle gängigen Vorstellungen vom Menschen. Zum andern gilt es, ihn und seine Lehre in verschiedenen und ständig wechselnden sozio-kulturellen Kontexten zu verkünden und zu aktualisieren. Deshalb finden sich bereits in den Evangelien unterschiedliche, einander ergänzende Jesusbilder. Markus stellt Jesus vorwiegend als Wundertäter dar; rund ein Drittel des von ihm verarbeiteten Materials besteht aus Wundergeschichten. Im Matthäusevangelium tritt Jesus hauptsächlich als Lehrer (Rabbi) in Erscheinung. Lukas wiederum unterstreicht mehr als alle andern Jesu Vorliebe für die

Sünder – und damit seine Barmherzigkeit. Bekanntlich überliefert er als einziger Evangelist die Gleichnisse von der verlorenen Drachme (15,8–10), vom verlorenen Sohn (15,11–32), vom Pharisäer und Zöllner (18,9–14) und die Geschichte von der Begegnung Jesu mit dem Oberzöllner Zachäus (19,1–10). Für Johannes schließlich ist Jesus hauptsächlich der Offenbarer, der den Menschen von Gott »Kunde gebracht hat« (Joh 1,18).

Diese verschiedenen Akzentsetzungen, welche zu unterschiedlichen Christusbildern führen, waren notwendig, weil die Evangelisten der konkreten Situation ihrer Adressaten Rechnung tragen mußten. Jesu Gestalt und seine Botschaft wurden aktualisiert. Eine solche Übersetzungsarbeit versuchten später, wie wir gesehen haben, auch die altkirchlichen Konzilien zu leisten.

Gleiches gilt in der Folge für die christologische Reflexion späterer Jahrhunderte, die sich wiederum in den verschiedenen christlichen Frömmigkeitsformen niederschlug, die ihrerseits nicht anderes darstellen als Konkretisierungen des einen Christusgeheimnisses, wobei stets ein ganz bestimmtes Christusbild im Hintergrund steht. Das ist auch dann der Fall, wenn man sich darüber nicht eigens Rechenschaft gibt. Beispielsweise ist die Spiritualität eines Franz von Assisi (1182–1226), der beabsichtigte, das Evangelium radikal ins Leben zu übersetzen, deswegen weder von einer überzeitlichen »evangelischen Christusgestalt« geprägt, noch vom Bild des erhöhten Herrn oder des kommenden Weltenrichters, sondern eben vorwiegend von jenem des armen und leidenden Jesus.

So wenig wie die altkirchlichen Dogmen oder die vielfältigen Frömmigkeitsformen, die sich im Lauf der Jahrhunderte entwickelt haben, bekommen die gegenwärtige theologische Reflexion und die heutige kirchliche Verkündigung den *ganzen* Christus in den Blick.

Denn jede theologische Beschäftigung mit Jesus ist interessegeleitet. Das hängt mit dem Glauben daran zusammen, daß nur in ihm »und in keinem anderen das Heil ist« (Apg 4,12). Praktisch bedeutet das, daß die christliche Theologie und Verkündigung die konkreten Unheilserfahrungen der Menschen in ihre Überlegungen miteinbeziehen und verdeutlichen müssen, daß und inwiefern Jesus in *diesen* Situationen der Heilbringer ist. Von daher ist es nicht weiter verwunderlich, daß Jesus in manchen neueren christologischen Entwürfen als Helfer und

als Befreier oder als exemplarischer Mensch oder Bruder dargestellt wird. Naturgemäß enthalten solche Entwürfe bei weitem nicht alles, was über Jesus Christus zu sagen wäre. Das ergibt sich schon aus ihrer Situationsbezogenheit. Solange aber verdeutlicht wird, daß Jesus Christus *mehr* ist als irgendein Helfer, als ein beliebiger Befreier oder ein exemplarischer Mensch und Bruder neben anderen, kann man nicht von einer Verkürzung oder Aushöhlung des christologischen Dogmas sprechen. Außerdem ist hier eine Tatsache in Erinnerung zu rufen, die sich eigentlich von selbst versteht: Wenn Gott wirklich Gott bleiben soll, so ist er stets größer als alles, was der Mensch von ihm denken und sagen kann[12]. Die Lehre von der Gottheit Jesu schließt demnach gerade ein, daß jede Aussage über ihn – handle es sich nun um lehr- oder kirchenamtliche Äußerungen oder um solche einzelner Theologen – fragmentarisch und damit ergänzungsbedürftig bleibt.
Viele Christen haben heute Mühe mit den neutestamentlichen Hoheitstiteln, und angesichts der altkirchlichen Christusdogmen sehen sie sich vor beinahe unüberwindliche Verständnisschwierigkeiten gestellt. Damals gebräuchliche Begriffe wie »Natur«, »Person«, »Wesen«, »wesensgleich« sind teilweise mit anderen Inhalten gefüllt. Das bringt es mit sich, daß wir das, was die frühen Konzilien in damaliger Begrifflichkeit ausgesagt haben, heute auch anders ausdrücken können – oder um der Verständlichkeit willen gar anders ausdrücken müssen. Karl Rahner hat in diesem Zusammenhang einmal bemerkt:

»Wenn jemand bei dem Satz ›Gott ist Mensch‹ ein metaphysisches Schwindelgefühl empfindet, das seinen Glaubensmut lähmt, dann soll er schlicht und mutig sagen: Gott hat mir in Jesus sich selber ganz und unwiderruflich zugesagt; dieses Wort kann nicht mehr überholt und rückgängig gemacht werden trotz der unendlichen Möglichkeiten, die an sich Gott zu Gebote stehen; er hat der Welt und ihrer Geschichte ein Ziel gesetzt, das er selber ist, und diese Setzung ist nicht nur in den ewigen Gedanken Gottes gegeben; es ist schon in Welt und Geschichte hinein von Gott selbst eingestiftet, eben in Jesus, dem Gekreuzigten und Auferstandenen. Wer dies sagt, der glaubt genau das, was ihm die Christologie der Kirche [. . .] sagen will.«[13]

Ähnliches gilt nach Rahner auch für die christliche Lebenspraxis:

»Wenn die sittliche Persönlichkeit Jesu in Wort und Leben faktisch auf einen Menschen einen solchen bezwingenden Eindruck macht, daß er den Mut findet, diesem Jesus im Leben und Sterben bedingungslos sich anzuvertrauen und darum an den Gott Jesu zu glauben, der hat einen bloß horizontal humanistischen Jesuanismus schon längst überschritten und lebt (vielleicht nicht ganz reflex, aber wirklich) eine orthodoxe Christologie.«[14]

4 Gesandter Allāhs: Jesus im Islam

Während die Haltung der Juden gegenüber Jesus im Lauf der Jahrhunderte einem starken Wandel unterworfen war – sie umfaßt das ganze Spektrum, angefangen von der Nichtbeachtung über eine mehr oder weniger offene Ablehnung bis hin zur Wiederentdeckung und Heimholung –, lassen sich in der Geschichte des Islams diesbezüglich keine größeren Veränderungen feststellen. Jesus – ʻĪsā – findet bei den Anhängern Muḥammads nur insofern und insoweit Beachtung, als von ihm im Koran die Rede ist. »Jesus, den sie [die Muslime] allerdings nicht als Gott anerkennen, verehren sie doch als Propheten, und sie ehren seine jungfräuliche Mutter Maria, die sie bisweilen auch in Frömmigkeit anrufen.« Bei dieser Äußerung, die sich in der Konzilserklärung »Über das Verhältnis der Kirche zu den nichtchristlichen Religionen« (Nr. 3) findet, handelt es sich allerdings nicht um eine Zusammenfassung dessen, *was* der Koran über Jesus lehrt, sondern um einen bloßen Hinweis, *daß* Jesus im Islam als Prophet gilt. *Wie* seine Prophetenrolle näherhin zu bestimmen ist, läßt sich erst mittels einer sorgfältigen Analyse der einschlägigen Koranstellen sagen[1].

Episoden über Jesus

Diese – keineswegs organisch geordneten – Texte lassen sich nicht zu einer *Lebensgeschichte* Jesu zusammenfügen. Vielmehr handelt es sich zumeist um einzelne Episoden aus dem Wirken Jesu, die auf ein bestimmtes Jesus*bild* schließen lassen.
Um dieses nachzuzeichnen, gehen wir nicht chronologisch im Sinne einer Berücksichtigung der Entstehungszeit der einzelnen Suren vor, noch folgen wir der Anordnung, welche diese Suren bei der endgültigen Redaktion des Korans gefunden haben. Vielmehr halten wir uns

an das von den Evangelien vorgegebene biographische Schema, angefangen von der Geburt Jesu bis zu seinem Tod.
Ein erster Korantext, in welchem die Geburt von Jesu Mutter geschildert wird, liegt noch außerhalb dieses Rahmens (Sure 3,33–37): Maria ist die Tochter des Imrān und der Hanna, welche das noch ungeborene Kind Allāh weiht. Der Vater stirbt schon vor der Geburt der Tochter. Im Kindesalter wird Maria in eine Nische des Tempels gebracht und dort von ihrem Onkel Zacharias aufgezogen. Sooft dieser Marias Nische betritt, findet er seine Nichte auf wunderbare Weise mit Essen versorgt.
Solche Geschichten haben eine ganz bestimmte literarische Funktion. Durch die Schilderung ungewöhnlicher Ereignisse im Leben der Mutter soll der Leser oder Zuhörer auf die außerordentliche Sendung des Sohnes vorbereitet werden. Religionsgeschichtlich betrachtet hat sich in der Kindheitsgeschichte Marias eine weitverbreitete Tendenz niedergeschlagen: der Glanz, den eine große Persönlichkeit ausstrahlt, wird auch auf deren Umgebung, auf ihre Verwandtschaft oder auf ihre Eltern übertragen. Für die auch im christlichen Legendengut bekannte Erzählung von der Geburt und Kindheit Marias gibt es zwar keinerlei Hinweise in den Evangelien, wohl aber Parallelen in den neutestamentlichen Apokryphen[2].
Parallelen zu den Apokryphen *und* zu den Evangelien finden sich auch in einer der zwei Suren, die von der Verkündigung der Geburt Jesu handeln. Der folgende Überblick vermag das augenfällig zu dokumentieren.

Sure 3, 42–51	*Lukasevangelium Kap. 1*	*Protoevangelium des Jakobus Kap. 11*
42 Und die Engel sprachen: Maria, Gott hat dich erkoren, gereinigt und bevorzugt unter allen Frauen der ganzen Welt.	28 Und er [der Engel Gabriel] sprach: Der Herr ist mit dir. 42 Elisabet rief: Gesegnet bist du mehr als alle anderen Frauen.	1 Eine Stimme sprach: Sei gegrüßt du Begnadigte unter den Weibern. 2 Du hast Gnade gefunden vor dem Allmächtigen.
43 O Maria, sei deinem Herrn ganz ergeben, verehre ihn und beuge dich mit denen, die sich vor ihm beugen.	38 Maria sprach: Ich bin die Magd des Herrn.	3d Und Maria sprach: Siehe, ich bin die Magd des Herrn vor ihm.

Sure 3, 42–51	*Lukasevangelium Kap. 1*	*Protoevangelium des Jakobus Kap. 11*
44 Dies ist ein Geheimnis; dir, Muḥammad, offenbaren wir es. Du warst nicht dabei, als sie das Los warfen, wer von ihnen die Sorge über Maria übernehmen sollte; du warst auch nicht dabei, als sie sich darum stritten.		»das Los warfen«: vgl. Protoev. 9,9: Der Tempelpriester sagte zu Joseph: Joseph, du hast durch das Los die Jungfrau des Herrn zugeteilt bekommen; nimm sie in deine Obhut.
45 Die Engel sprachen ferner: O Maria, Gott verkündet dir das fleischgewordene Wort.	(Vgl. Joh 1,14: Und das Wort ist Fleisch geworden.)	
Sein Name wird sein Messias Jesus, der Sohn der Maria. Herrlich wird er in dieser und in jener Welt sein und zu denen gehören, denen des Herrn Nähe gewährt wurde.	31 Dem Sohn sollst du den Namen Jesus geben. 32 Er wird groß sein.	3b Was aus dir geboren wird, wird heilig, Sohn des Höchsten, genannt werden. Und du sollst seinen Namen Jesus heißen.
46 Er wird in der Wiege schon und auch im Mannesalter zu den Menschen reden und wird ein frommer Mann sein.		(Arabisches Kindheitsevangelium 1,1: Jesus redete [schon], als er noch in der Krippe lag.)
47 Maria erwiderte: Wie soll ich einen Sohn gebären, da mich kein Mann berührte?	34 Maria sprach: Wie soll das geschehen, da ich keinen Mann erkenne?	2 Ich sollte empfangen vom Herrn, dem lebendigen Gott, [und gebären] wie jedes Weib gebiert?
Der Engel antwortete: Der Herr schafft, was und wie er will; wenn er irgend etwas beschlossen hat und spricht: »Es werde« – dann ist es.	35 Der Engel antwortete ihr: Die Kraft des Höchsten wird dich überschatten.	3a Und der Engel des Herrn sprach: Nicht so, Maria, denn die Kraft des Herrn wird dich überschatten.
48 Er wird ihn auch in der Schrift und Erkenntnis, in der Tora und dem Evangelium unterweisen,		

Sure 3, 42–51	*Lukasevangelium Kap. 1*	*Protoevangelium des Jakobus Kap. 11*
49 und ihn zu den Kindern Israels senden.	33 Er wird über das Haus Jakob herrschen. (Vgl. Mt 1,21: Er wird sein Volk von seinen Sünden erlösen.)	3c Er wird sein Volk von seinen Sünden retten.
Er spricht: Ich komme mit Zeichen von eurem Herrn zu euch.		
Ich will euch aus Ton die Gestalt eines Vogels formen, in ihn hauchen, und er soll, auf Allāhs Gebot, ein beschwingter Vogel werden.		(Von dieser Episode weiß das Jakobusevangelium nichts; sie findet sich in der Kindheitserzählung des Thomas (2,2–4): Der fünfjährige Jesus formt Sperlinge aus Lehm, die er dann mit Händeklatschen zum Leben erweckt. Eine ähnliche Geschichte erzählt das Arabische Kindheitsevangelium, Kap. 36.
Die Mutterblinden und Aussätzigen will ich heilen und mit Allāhs Willen Tote wieder lebendig machen und euch künden, was ihr essen und was ihr in euren Häusern bewahren sollt. Dies alles werden euch Zeichen sein, wenn ihr nur glaubt.	Auf die Frage des Johannes, wer er sei, antwortet Jesus in Lk 7,22: Geht und berichtet, was ihr gesehen und gehört habt: Blinde sehen wieder, Lahme gehen, Aussätzige werden rein, Taube hören, Tote stehen auf, und den Armen wird das Evangelium verkündet.	
50 Ich bestätige die Tora, die ihr vorlängst erhieltet, erlaube aber einiges, was verboten war.	(Vgl. Lk 16,17: Aber eher werden Himmel und Erde vergehen, als daß auch nur der kleinste Buchstabe im Gesetz wegfällt.)	
Ich komme mit Zeichen eures Herrn zu euch. Fürchtet ihn und folgt mir. 51 Allāh ist mein und euer Herr. Ihn verehrt! Das ist der Weg!		

An anderer Stelle beschreibt der Koran die Verkündigung der Geburt Jesu so:

»Erwähne auch in dem Buch [im Koran] die Geschichte Marias. Als sie sich einst von ihrer Familie nach einem Ort zurückzog, der gegen Osten lag [nach einem östlichen Gemach im Tempel], und sich verschleierte, da sandten wir [Allāh] ihr unseren Geist [den Engel Gabriel] in der Gestalt eines schöngebildeten Mannes.
Sie sagte: ›Ich nehme, aus Furcht vor dir, zu dem Allbarmherzigen meine Zuflucht; wenn auch du ihn fürchtest, dann nähere dich mir nicht.‹
Er erwiderte: ›Ich bin von deinem Herrn gesandt, dir einen heiligen Sohn zu geben.‹
Sie aber antwortete: ›Wie kann ich einen Sohn bekommen, da mich kein Mann berührt hat und ich auch keine Dirne bin?‹
Er erwiderte: ›Es wird dennoch so sein, denn dein Herr spricht: Das ist mir ein leichtes. Wir machen ihn [diesen Sohn] zu einem Wunderzeichen für die Menschen, und er sei ein Beweis unserer Barmherzigkeit. So ist die Sache fest beschlossen‹« (19,16–21).

Zwar wird der Name des »schöngebildeten Mannes«, der Maria die Geburt eines Sohnes ankündigt, nicht genannt. Doch hat die islamische Tradition diesen schon sehr früh mit dem Erzengel Gabriel identifiziert.
Während bei Lukas (1,26–38) zwischen der Verheißung der Geburt Jesu und der geistgewirkten Empfängnis deutlich unterschieden wird, scheinen diese beiden Wirklichkeiten im Koran ineins zu fallen. Dabei ist die Frage, wie der *Islam* die Empfängnis Jesu versteht, nicht mit letzter Eindeutigkeit zu beantworten. Fest steht nach dem *Koran* nur, daß Jesus durch ein allmächtiges Schöpfungswort Allāhs ins Dasein gerufen wird: »Aber es ziemt sich nicht für Allāh, daß er einen Sohn hätte. Lob und Preis sei ihm! Wenn er etwas beschließt und nur sagt: ›Werde!‹ – so ist es« (19,35). Die Zeugung Jesu ist nach dem Koran mit der Erschaffung Adams zu vergleichen, der ebenfalls keinen leiblichen Vater hatte: »Vor Allāh ist Jesus Adam gleich, den er aus Erde erschaffen hat; er sprach: ›Werde!‹ – und er wurde« (3,59). Manche Ausleger des Korans indessen sind der Ansicht, daß Jesus vom Erzen-

gel Gabriel, allerdings auf recht ungewöhnliche Weise, gezeugt worden sei: Maria habe Jesus empfangen, als sie ihre Tunika anzog, die vorher von Gabriel behaucht worden sei[3]. Dies ist aber bereits eine Interpretation, welche im Text selber keine Grundlage hat.
Auch von Jesu Geburt ist im Koran die Rede:

»So empfing sie [Maria] den Sohn, und sie zog sich mit ihm in ihrer Schwangerschaft an einen entlegenen Ort zurück. Und eines Tages befielen sie die Wehen der Geburt am Stamm einer Palme, da sagte sie: ›O wäre ich doch längst gestorben und ganz vergessen!‹ Da rief eine Stimme [nach einigen Interpreten: der Erzengel Gabriel; nach anderen: das Kind selber] unter ihr: ›Sei nicht betrübt, schon hat der Herr zu deinen Füßen ein Bächlein fließen lassen, und schüttle nur an dem Stamme des Palmbaumes, und es werden genug reife Datteln auf dich herabfallen. Iß und trink und erheitere dein Auge [beruhige dich]. Und wenn du einen Menschen triffst, der dich vielleicht wegen des Kindes befragt, dann sage: Ich habe dem Allbarmherzigen ein Fasten gelobt, und ich werde daher heute mit niemandem sprechen‹« (19,22–26).

Diese Stelle erinnert an eine Episode im 20. Kapitel des apokryphen Pseudo-Matthäusevangeliums. Auf der Flucht nach Ägypten läßt sich Maria unter einer Palme nieder und begehrt von den Früchten des Baumes zu essen. Auf den Befehl des Jesuskindes hin neigt sich die Palme solange, bis Maria die Früchte gepflückt hat. Gleichzeitig beginnt am Fuß der Palme eine Wasserquelle zu sprudeln. Nachgewiesenermaßen war das Pseudo-Matthäusevangelium zur Zeit Muḥammads im Orient nicht bekannt. Hingegen zirkulierte das darin enthaltene Legendengut im damaligen Arabien.
Im Gegensatz zur Empfängnis Jesu, welche nach dem Koran ohne Zutun eines Mannes gedacht wird, erfolgt die Geburt auf durchaus natürliche Weise, unter Schmerzen und Wehen (19,23). Die Zweifel, welche die Volksgenossen gegenüber Maria im Hinblick auf die Herkunft des Kindes anmelden, werden durch ein Wunder zerstreut. Jesus selbst, obwohl noch »in der Wiege« (19,29), rechtfertigt seine Mutter und erläutert gleichzeitig seine Sendung:

»Wahrlich, ich bin der Diener Allāhs, er gab mir die Schrift und bestimmte mich zum Propheten. Er gab mir seinen Segen, wo ich auch sei, und er befahl mir, das Gebet zu verrichten und Almosen zu geben, solange ich lebe, und liebevoll gegen meine Mutter zu sein. Er machte keinen elenden Hochmütigen aus mir. Friede kam über den Tag meiner Geburt und werde dem Tage meines Todes und dem Tag, an welchem ich wieder zum Leben auferweckt werde, zuteil« (19,30–33).

Die Kraft, Wunder zu vollbringen, spricht der Koran nicht nur dem Kind Jesu zu (es spricht in der Wiege: 3,46; 19,29; es erweckt Vögel aus Lehm zum Leben: 3,49), sondern auch dem erwachsenen Prediger. Von den Heilungen Aussätziger und Blinder, wie von Totenerweckungen war schon im Zusammenhang mit der Verkündigungsgeschichte die Rede (vgl. 3,49). Diese Wunder werden in der fünften Sure nochmals in Erinnerung gerufen, wobei Allāh ausdrücklich darauf verweist, daß dies alles mit seinem Willen geschah:

«O du Jesus, Sohn der Maria, gedenke meiner Gnade gegen dich und deine Mutter, ich habe dich ausgerüstet durch den heiligen Geist, damit du schon in der Wiege, und auch als du herangewachsen warst, zu den Menschen reden konntest; ich lehrte dich die Schrift und die Weisheit, die Tora und das Evangelium. Du schufst mit meinem Willen die Gestalt eines Vogels aus Ton; du hauchtest in ihn, und mit meinem Willen wurde er ein wirklicher Vogel. Mit meinem Willen heiltest du einen Blindgeborenen und einen Aussätzigen, und mit meinem Willen ließest du Tote aus ihren Gräbern treten. Ich hielt die Kinder Israels ab, Hand an dich zu legen, als du mit deutlichen Beweisen zu ihnen kamst und sie, welche nicht glaubten, sagten: ›Dies ist alles offenbare Täuschung‹« (5,110).

Anschließend wird an ein Wunder Jesu erinnert, welches dazu diente, ihn als Gesandten Allāhs auszuweisen:

»Als ich den Aposteln befahl, daß sie an mich und meinen Gesandten glauben sollen, da antworteten sie: ›Wir glauben, bezeuge du es uns, daß wir dir ganz ergeben sind.‹ Erinnere dich, als die Apostel sagten: ›O Jesus, Sohn der Maria, vermag der Herr auch einen Tisch uns vom Himmel herabzusenden?‹ Er antwortete: ›Fürchtet nur Gott, wenn ihr wahre Gläubige sein wollt.‹ Sie aber antworteten: ›Wir wollen aber davon essen, damit unser Herz sich beruhigt und wir wissen, daß du die Wahrheit uns verkündet hast und wir Zeugnis davon geben können.‹ Darauf sagte Jesus, der Sohn der Maria: ›O Gott, Herr, sende uns einen Tisch mit Speise vom Himmel, daß dies ein festlicher Tag für uns werde, für den ersten und letzten von uns, als ein Zeichen von dir. Nähre uns, denn du bist unser Ernährer.‹ Darauf erwiderte Allāh: ›Ich will euch den Tisch herabsenden, wer aber von euch dann nicht glauben wird, den werde ich bestrafen, wie ich kein anderes Geschöpf in der Welt bestrafen werde‹« (5,111–115).

Dieser Abschnitt des Korans gibt den Interpreten auch heute noch Rätsel auf. Vermutlich handelt es sich um eine neutestamentliche – im Lauf der Zeit entstellte – Tradition, welche Muḥammad hier aufgreift. Worauf bezieht sich diese Überlieferung? Manche denken an die Speisung der Fünftausend (›wunderbare Brotvermehrung‹; vgl. Mk 6,34–44), andere an die Vision des Petrus, der eine große Schale mit allen möglichen Tieren vom Himmel herabkommen sah und gleichzeitig die Aufforderung vernahm, davon zu essen (vgl. Apg 10,9–16). Wahrscheinlicher aber ist, daß eine entfernte Reminiszenz an das Abendmahl und (oder?) Jesu Rede vom Himmelsbrot (Joh 6,22–59) vorliegt. Im Gegensatz zu den anderen drei Evangelien enthält jenes des Johannes bekanntlich keinen Bericht über die Stiftung der Eucharistie, sondern, statt dessen, Jesu Rede über das Himmelsbrot, welche sich ebenfalls auf die Eucharistie bezieht. Das Brot, von dem Jesus spricht – und das er selber ist (Joh 6,35.48) – kommt »vom Himmel« (6,32); es »gibt der Welt das Leben« (6,35); der »Vater« (6,35) schenkt es den Menschen, die nun »nie mehr hungern« (6,35). Gleichzeitig aber handelt es sich um eine Prüfung, denn viele von den Jüngern Jesu nehmen »Anstoß« an seiner Rede (6,61).
Die Parallelen zu der zitierten Koranstelle springen ins Auge: Der »Tisch«, von dem die Rede ist, kommt »vom Himmel«. Dieses Ereignis bedeutet einen »festlichen Tag«, den der »Ernährer« [Allāh] für alle bereitet. Gleichzeitig aber handelt es sich um eine Prüfung: »Wer von euch dann nicht glauben wird, den werde ich bestrafen.«

Tod und Erhöhung Jesu

Schließlich erwähnt der Koran auch Jesu Kreuzigung und Erhöhung:

Und weil sie [die Juden] nicht an Jesus geglaubt und wider Maria große Lästerungen ausgestoßen haben [sie der Unzucht beschuldigt haben; vgl. 19,27: O Maria, du hast eine sonderbare Tat begangen!], darum haben wir [Allāh] sie verflucht. Auch weil sie gesagt haben: ›Wir haben den Messias, den Jesus, Sohn Marias, den Gesandten Allāhs, getötet.‹ Sie haben ihn aber nicht getötet, sondern einen anderen, der ihm ähnlich war. In der Tat sind die verschiedenen Ansichten hierin nur Zweifel, weil sie keine bestimmte Kenntnis haben, sondern nur vorgefaßten Vermutungen folgen. Sie haben ihn aber nicht wirklich getötet, sondern Allāh hat ihn zu sich erhoben; denn Allāh ist mächtig und allweise« (4,156–158).

Während die Juden behaupten, Jesus getötet zu haben (4,157), sagt der Koran: »Sie haben ihn aber nicht getötet und nicht gekreuzigt, sondern einen anderen, der ihm ähnlich war« (4,157).
Über diese Stelle haben sich die Ausleger über Jahrhunderte hin den Kopf zerbrochen.
(1) Nach der landläufigen islamischen Auffassung wurde ein anderer Mensch an Stelle Jesu gekreuzigt, wobei es sich – so die eine Ansicht – um einen Doppelgänger gehandelt hat, oder aber, dies die andere Meinung – um eine Verwechslung. Was diese letztere Hypothese betrifft, nennt die Tradition verschiedene Namen: einen gewissen Sergius, Simon von Cyrene, den Apostel Judas . . .
Diese Muḥammad offenbar bekannte Überlieferung geht aller Wahrscheinlichkeit nach auf christliche Sekten des zweiten Jahrhunderts zurück, welche daran Anstoß nahmen, daß der Sohn Gottes den schmählichen Tod am Kreuz erlitten haben sollte. Jedenfalls bekämpft schon Eirenaios von Lyon (Mitte 2. Jahrh.) die Ansicht, daß nicht Jesus selbst, sondern Simon von Cyrene »aus Unkenntnis oder aufgrund eines Irrtums« an seiner Statt gekreuzigt worden sei[4].
(2) Andere Anhänger des Islams sind der Ansicht, daß Jesus selbst gekreuzigt worden sei. Wenn der Koran seinen Tod dennoch verneint (»sie haben ihn aber nicht *wirklich* getötet;« 4,157), ist das kein

Widerspruch, sondern entspricht dem, was der Koran auch von anderen Märtyrern lehrt, daß diese nämlich nicht wirklich tot sind: »Du darfst keineswegs die für tot halten, welche für die Religion Allāhs fielen; sie leben vielmehr bei ihrem Herrn, der ihnen reiche Gaben gibt« (3,169). In bezug auf Jesus bedeutet das, daß wohl sein *Leib* getötet worden ist, nicht aber sein Geist und seine Botschaft. Von der Mehrheit der Muslime, den Sunniten, wird diese Interpretation allerdings abgelehnt.

(3) Zu einem ähnlichen Ergebnis kommt neuerdings Claus Schedl in seiner großangelegten Studie »Muḥammad und Jesus«: Weder ein Doppelgänger Jesu noch sonst ein anderer Mensch wurde nach koranischem Verständnis an Jesu Stelle getötet. Der Irrtum der Juden bestand vielmehr darin, »daß sie im Menschen Jesus nicht den gekommenen Messias anerkannten. Sie konnten zwar den Leib des Messias, d. i. den Menschen Jesus, kreuzigen, den Geist-Messias aber konnten die Nägel nicht mehr erreichen, da ihn Allāh zu sich erhöhte (vgl. Sure 3,55).«[5]

Im Grunde aber ist es für die islamische Theologie gar nicht so wichtig, ob nun ein anderer Mensch an Jesu Stelle starb oder ob nur ein Schein-Leib gekreuzigt wurde oder gar Jesus selbst. Denn im Gegensatz zur christlichen Erlösungslehre stellt das Leiden und Sterben eines Gott-Menschen im Islam keinen unverzichtbaren Bestandteil dar.

Die verschiedenen Interpretationen der Ereignisse am Kreuz führen ihrerseits zu unterschiedlichen Erklärungen über den Zeitpunkt des Todes Jesu und seiner Erhöhung.

Zwei Korantexte vor allem sind in dieser Hinsicht von Bedeutung, die beide von Jesu Erhöhung und Auferstehung handeln.

»Sie haben ihn aber nicht wirklich getötet, sondern Allāh hat ihn zu sich erhoben; denn Allāh ist mächtig und allweise. Aber vor seinem Tod wird jeder der Schriftbesitzer [Juden und Christen] an ihn glauben; er wird am Jüngsten Tag wider sie [die Ungläubigen der Vergangenheit] zeugen« (4,158–159).

»Allāh sprach: Ich will dich, o Jesus, der Menschen Tod sterben lassen, zu mir erheben und dich von den [Anwürfen der] Ungläubigen reinigen. Die, welche dir folgten, will ich über die Ungläubigen bis zum Auferstehungstage setzen; dann kehrt ihr zu mir zurück, dann will ich das Strittige unter euch entscheiden« (3,55).

(1) Nimmt man (gegen die unter den Muslimen am meisten verbreitete Ansicht) an, daß Jesus selbst den Kreuzestod erlitten hat, so betrifft die Erhöhung zu Allāh nur den »Geist-Messias« (Schedl), der am Ende der Zeiten zusammen mit den übrigen Toten auferstehen wird.
(2) Deutet man jedoch die Aussage »Sie haben ihn aber nicht getötet und nicht gekreuzigt« (4,157) dahingehend, daß ein anderer an Jesu Stelle gekreuzigt wurde, so folgt daraus, daß er lebendig zu Allāh erhöht (entrückt) wurde (vgl. 4,158). Sein Tod findet demnach erst am Ende der Zeiten statt, wenn er wiederkommt und alle Juden und Christen (»Schriftbesitzer«; 4,159) an ihn glauben werden. Mit den übrigen Menschen wird Jesus dann am Jüngsten Tag zu einem neuen Leben auferstehen. Wenn der Koran nämlich von Jesu Auferstehung spricht (»Friede sei ihm [Jesus] mit dem Tag seiner Geburt und seines Todes und mit dem Tag, an welchem er einst wieder auferstehen wird«; 19,15; vgl. 19,33; 3,55), bezieht sich das bekanntlich nicht auf die Osterereignisse, sondern auf die allgemeine Auferstehung am Jüngsten Tag.
Im *Koran* heißt es lediglich, daß bei der Wiederkunft Jesu die dann lebenden Christen und Juden an ihn glauben werden (4,159). Die *islamische Tradition* hingegen kennt sehr konkrete Angaben über Jesu Wirken in der Zeit zwischen seiner Wiederkunft und seinem Tod[6]. Jesus erscheint, um das Endgericht anzukündigen. Er heiratet und hat Kinder und regiert vierzig Jahre in Jerusalem. Alles, was dem islamischen Glauben zuwiderläuft, schafft er ab: er vertreibt die Schweine, er zerstört Kirchen und Synagogen und entfernt die Kruzifixe. Es herrscht Friede unter den Menschen, aber auch zwischen Menschen und Tieren. Beigesetzt wird Jesus nach seinem Tod in Medina, an der Seite des Propheten.

Jesus der Prophet

Welche *Bedeutung* kommt Jesus im Islam zu? Die Frage läßt sich am besten an Hand eines Vergleichs zwischen dem christlichen und dem islamischen Jesusbild beantworten.
(1) Daß Jesus *nicht der Erlöser* der Menschheit ist, konnten wir bereits

hinsichtlich der Art feststellen, wie der Koran seinen Tod schildert. Einerseits kennt der Islam ja keine Erbsünde, auf welcher die christliche Lehre von der Notwendigkeit der Erlösung aller Menschen beruht. Und anderseits ist ihm die Vorstellung von der Möglichkeit und dem Heilswert stellvertretenden Leidens fremd. Gerade in diesem Punkt unterscheiden sich Christentum und Islam grundlegend voneinander. Nach dem Koran nämlich (6,164) trägt keiner die (Sünden-)Last eines anderen.

(2) Der Islam stellt auch die *Göttlichkeit Jesu* in Abrede. Das hängt einerseits mit seinem strengen Monotheismus, anderseits mit einer irrigen Deutung der christlichen Trinitätslehre zusammen, welche aus islamischer Sicht einen Drei-Götter-Glauben impliziert. Nicht gegen Christus, sondern gegen die Christen, die diesen als Gott verehren, richtet sich deshalb die Polemik des Korans:

»Ihr Schriftbesitzer, überschreitet nicht die Grenzen eurer Religion [treibt es nicht zu weit] und sagt nichts anderes von Allāh, als was wahr ist. Wahrlich der Messias Jesus, der Sohn Marias, ist ein Gesandter Allāhs, und das Wort, das er Maria niedersandte, eine Erfüllung Allāhs und sein Geist. Glaubt daher an Allāh und seinen Gesandten, sagt aber nichts von einer Dreiheit. Vermeidet das, und es wird besser um euch stehen. Es gibt nur einen einzigen Gott. Fern von ihm, daß er einen Sohn habe! Sein ist, was in den Himmeln und auf Erden ist. Allāh genügt als Beschützer« (4,171).

»Wahrlich, das sind Ungläubige, die sagen: Allāh sei Christus, der Sohn der Maria [d. h. nur ein Ungläubiger kann behaupten, Christus sei Gott]. Sagt ja Christus selbst: ›O ihr Kinder Israels, dient Allāh, meinem und eurem Herrn.‹ Wer Allāh irgendein Wesen zugesellt, den schließt Allāh vom Paradies aus, und seine Wohnung wird das Höllenfeuer sein, und die Gottlosen werden keinen Helfer haben« (5,72).

Allāh »ist sich selbst genug« (10,68); er braucht keine Gefährtin und keinen Sohn; er »hat kein Weib genommen und keine Kinder gezeugt« (72,3; vgl. 6,101).

Auffälligerweise jedoch wird die Einzigkeit und Allmacht Allāhs gerade an der Art verdeutlicht, wie er zu wiederholten Malen an

Christus und dessen Mutter handelt, die aber beide nur *außergewöhnliche* Menschen mit gewöhnlichen *menschlichen* Bedürfnissen sind:

»Christus, der Sohn Marias, ist nur ein Gesandter, so wie ihm Gesandte auch vorangegangen sind, seine Mutter war eine wahrhafte und wahrhaftige Frau [keine Göttin], beide aßen gewöhnliche Speisen [d. h. hatten Bedürfnisse wie alle übrigen Menschen]« (5,75).

Der Koran verneint also nicht nur die Gottheit Jesu, sondern ausdrücklich auch die Göttlichkeit Marias. Unmißverständlich bringt das die folgende Stelle zum Ausdruck:

»Und wenn Allāh einst Jesus fragen wird: ›O Jesus, Sohn der Maria, hast du je zu den Menschen gesagt: Nehmt außer Allāh noch mich und meine Mutter zu Göttern an?‹, so wird er antworten: ›Preis und Lob nur dir, es ziemte mir nicht, etwas zu sagen, was nicht die Wahrheit ist; hätte ich es aber gesagt, so wüßtest du es; denn du weißt ja, was in mir, ich aber nicht, was in dir ist; denn nur du kennst alle Geheimnisse‹« (5,116).

Damit legt sich der Rückschluß nahe, daß nach dem Verständnis des Korans die christliche Trinität drei Gottheiten einschließt, nämlich Allāh (Vater), Maria (Mutter) und Christus (Sohn). Die Frage, wie Muḥammad zu diesem Mißverständnis der christlichen Trinitätslehre kam, ist nicht mit Sicherheit zu beantworten. Möglicherweise war es der Kontakt mit gewissen (Fehl-?)Formen christlicher Frömmigkeit und (oder) mit götzendienstähnlichen Marienkulten christlicher Sekten in Arabien und Abessinien[7].
Aus unserer Textanalyse geht hervor, daß der Koran die Gottessohnschaft Jesu und damit seine Gottheit eher *indirekt* ablehnt. Die *eigentliche Sinnspitze* der diesbezüglichen Aussagen zielt darauf, Allāh als den einzigen und den einen Gott zu verkünden.
Wenn aber das islamische Mißverständnis der christlichen Trinitätslehre einmal als solches erkannt ist, bestünde dann nicht die Möglichkeit, daß die Muslime Jesus als Sohn Gottes anerkennen könnten? Diese berechtigte Frage läßt sich kaum positiv beantworten. Ein Anhänger des Islams *kann* gar nicht nachvollziehen, daß die Trinitäts-

lehre für die Christen nicht die Auflösung des Glaubens an den einen Gott, sondern dessen Vertiefung darstellt. Er kann es deshalb nicht, weil für ihn der Koran nicht ein Lehr-Buch darstellt, das man nur richtig verstehen kann, wenn man die menschlichen Denkvoraussetzungen und geschichtlichen Bedingtheiten miteinbezieht, unter denen er zustande kam. Für den Muslim ist der Koran vielmehr das unantastbare Wort Allāhs, das dieser durch den Engel Gabriel dem Muḥammad übermitteln ließ – und damit eine absolute, nicht mehr hinterfragbare Autorität. Während der Christ sich fragen darf, *aufgrund welcher Mißverständnisse* der Koran die Gottheit Jesu verneint, genügt dem Muslim die Tatsache, *daß* der Koran die Verehrung Jesu als Gottes Sohn als Götzendienst ablehnt.

(3) Im Islam ist Jesus nicht der Sohn Allāhs, sondern der *Sohn Marias*. Diese Bezeichnung für Jesus wird im Koran am häufigsten, nämlich 33 Mal, verwendet, während sie sich im Evangelium nur ein einziges Mal findet (Mk 6,3). Einerseits soll damit die Rolle Marias im Leben Jesu betont, anderseits dessen wunderbare Herkunft in Erinnerung gerufen werden.

Ferner erscheint Jesus als *der Gesegnete Allāhs* (19,31); als *der* (aufgrund seiner Erhöhung) *Gottesnahe* (3,45); als *der im Diesseits und Jenseits Angesehene* (3,45), womit seine Macht als Fürbitter betont werden soll; er ist *ein vom heiligen Geist Gestärkter* (5,110), was der Koran allerdings auch von den »gewöhnlichen« Gläubigen aussagt (vgl. 58,22).

(4) Der Koran verwendet noch mehrere andere Bezeichnungen für Jesus, welche beim christlichen Leser unweigerlich Assoziationen mit den Evangelien hervorrufen.

So wird Jesus *fleischgewordenes Wort* (3,45) und *Wort Allāhs* (4,171) genannt. Die Bedeutung dieser Aussage deckt sich aber in keiner Weise mit jener der gleichlautenden Formulierung im Johannesprolog (Joh 1,14), welche die christliche Tradition im Sinne einer seit Ewigkeit währenden Vorherexistenz Christi beim Vater versteht. Nach der islamischen Überlieferung sagen die erwähnten Koranstellen aus, daß Jesus der durch Gottes Wort angekündigte Prophet ist; daß er die konkrete Erfüllung jenes Schöpfer-Wortes ist, das Allāh anläßlich der Verkündigung seiner Geburt ausgesprochen; daß er Allāhs Wort – und nichts als dieses! – gepredigt hat;

und schließlich, daß er durch sein Wirken selber ein ›Wort‹, d. h. ein Zeichen Allāhs darstellt[8].
Nicht im entferntesten denkt Muḥammad an christliche Bedeutungsinhalte, wenn er Jesus einen *Diener Allāhs* nennt (43,59). Es besteht keinerlei Verbindung zwischen dem alttestamentlichen Gottesknecht (vgl. Jes 42,1–7; 49,1–9; 50,4–9; 52,13–53,12), der im Neuen Testament mit Christus, dem Erlöser, identifiziert wird (vgl. u. a. Phil 2,6–11) und dem Christus des Korans, der *dort* Gottesknecht genannt ist. Genau das Gegenteil trifft zu: Jesus »ist *nichts anderes* als ein Diener, dem wir [Allāh] Gnade erzeigt haben« (43,59).
Zu wiederholten Malen bezeichnet der Koran Jesus als *den Messias* (al-masīḥ). Auch in diesem Begriff schwingt kein christlicher Unterton mit. Ausdrücklich verbaut der Koran den Weg zu jeglicher Spekulation in Richtung des neutestamentlichen Messiasverständnisses: »Die Christen sagen: Der Messias ist der Sohn Gottes. [. . .] Allāh wird sie schon ihrer Lügen wegen strafen« (9,30). Im Koran hat Messias (= Christus) lediglich die Bedeutung eines Eigennamens.
(5) Jesus ist *ein Prophet* (nabī: 19,30) und steht damit auf der gleichen Ebene wie Noach, Abraham und Mose (vgl. 33,7). »Im Kontext mit anderen Prophetengeschichten zeigt sich, daß alle besonderen Züge, die der Koran Jesus zuschreibt, ihre Entsprechungen oder Parallelen bei seinen prophetischen Vorgängern haben. So wurde Adam durch einen ähnlichen Schöpfungsakt wie Jesus erschaffen (3,59). Mose erweckt das Leblose zum Leben . . .«[9]
Als Prophet aber ist Jesus gleichzeitig ein *Gesandter Allāhs* (4,157.171) – und »*nur* ein Gesandter« (5,75). Als solcher beruft er sich auf die bisherige Offenbarung und knüpft dabei an die Verkündigung der früheren Propheten an:

»Wir [Allāh] haben Jesus, den Sohn der Maria, den Fußstapfen der Propheten folgen lassen, bestätigend die Tora, welche in ihren Händen war, und gaben ihm das Evangelium, das Leitung und Licht und Bestätigung der Tora enthält, welche zuvor in ihren Händen war, den Gottesfürchtigen zur Leitung und Erinnerung« (5,46; vgl. 5,110).
Hinsichtlich der Tora bringt das von Jesus verkündete Evangelium gewisse Erleichterungen (3,50; 4,160) und die Klärung strittiger Fragen (43,63). Obwohl Jesus, der mit dem »heiligen Geist ausgerüstet«

ist (5,110), den Uneinsichtigen mit Strafe droht (43,65) hören nur wenige auf ihn. Zu diesen zählen seine Jünger, die sich mit diesen Worten an ihren Lehrer wenden: »Wir wollen Allāhs Sache verfechten; wir sind Allāhs Helfer; wir glauben an Allāh, bezeuge es uns, daß wir Gläubige sind« (3,52). Im arabischen Text steht für Gläubige *muslimûn,* was wörtlich bedeutet: daß wir Gott »ergeben sind«, oder: daß wir Muslime sind. Das gleiche Wortspiel findet sich auch in 3,64 und 5,111.

Jesus war nur ein Verkünder der Lehre Allāhs. Die *endgültige Offenbarung* aber hat erst Muḥammad empfangen und im Koran festgehalten: »Und Jesus, der Sohn der Maria, sagte: ›O ihr Kinder Israels, wahrlich ich bin ein Gesandter Allāhs, der die Tora bestätigt, welche ihr bereits vor mir erhieltet und ich bringe frohe Botschaft über einen Gesandten, der nach mir kommen und dessen Name Aḥmed sein wird‹« (61,6). Der Name Aḥmed hat die gleiche Bedeutung wie Muḥammad: der Gelobte, der Gepriesene.

Natürlich konnte es nicht ausbleiben, daß die Christen angesichts der islamischen Deutung der Jesusgestalt auf die Bedeutung der Dogmen von der Menschwerdung, der Erlösung und der Trinität hinwiesen. In beiden Lagern wurden zum Teil recht erbitterte Kampfschriften verfaßt – wobei es bis in unsere Gegenwart hinein um immer die gleichen Fragenkomplexe geht: Fälschung der Bibel, resp. Verfälschung des Evangeliums im Koran; Widerlegung, resp. Verteidigung der christlichen Dogmen; Wert der eigenen, resp. Unwert der gegnerischen religiösen Praxis. Häufig reduzierte sich dabei die Apologetik auf billige Polemik[10].

Auf welcher Ebene die Auseinandersetzung zuweilen geführt wurde, vermag ein fingierter Briefwechsel zwischen zwei Freunden zu illustrieren, die beide im Dienst des Kalifen stehen und von denen der eine sich zur christlichen Religion bekennt, während der andere dem islamischen Glauben anhängt. Der Verfasser dieses Dokuments, al-Hāsimī, hat um 820 gelebt[11].

Der islamische Briefschreiber rühmt den Glauben Jesu und seiner Jünger, welche Verkünder der wahren Lehre sind. Anschließend droht er seinem gegnerischen Gesprächspartner mit dem Höllenfeuer, wenn er nicht endlich von seinen Abirrungen ablasse, seinen Scheußlichkeiten abschwöre und sich vom Unglauben abwende. Die christliche

Antwort ist ein Echo auf diese Injurien: Muḥammad war ein gemeiner Räuber und Mörder. Seine sexuelle Potenz soll der von 40 Männern entsprochen haben. Er war ein Wüstling und Lüstling, was schon daraus hervorgeht, daß er 15 Frauen hatte, und – »wie sollte da der Prophet überhaupt noch Zeit zum Beten gefunden haben?«
Auf die gegenseitige Verketzerung folgte die Verteufelung, was unter anderem dazu führte, daß Muḥammad vom 13. bis zum 17. Jahrhundert in den christlichen Kommentaren zur Apokalypse mit dem Antichristen identifiziert wurde[12].

Der »Christus des Islams« ist der Koran

Erst seit Beginn dieses Jahrhunderts wurde ein Gespräch zwischen Christen und Muslimen möglich. Eine Annäherung hat allenfalls auf sozialer und kultureller Ebene stattgefunden. Jesu Gottverbundenheit, sein Armutsideal und sein Gebetsleben allerdings sind schon seit Jahrhunderten Themen der islamischen Mystik. Gegenwärtig entdeckt man im Islam auch den Menschen Jesus neu, dessen geistliche und moralische Größe für die ganze Menschheit richtungweisend sein kann[13].
Eine bessere Beziehung zwischen Islam und Christentum kann heute nur auf der Basis gegenseitiger Achtung und Toleranz zustande kommen. Was aber die Glaubensunterschiede betrifft, sind diese so groß, daß sie nur um den Preis des Identitätsverlustes einer der beiden Religionen überbrückt werden könnten.
(1) Das Jesusbild des Korans unterscheidet sich wesentlich vom Jesusbild der Evangelien. Muḥammad hat Jesus nicht auf dem Weg über das Christentum, sondern über Evangelientraditionen, apokryphe Überlieferungen (Kindheitsevangelien!) und christliche Sekten, die in Arabien verbreitet waren, kennen- und schätzengelernt.
(2) Der Islam kennt eine ganze Reihe von christlichen Bezeichnungen und Ehrentiteln für Jesus (Sohn Marias, Gesegneter Gottes, fleischgewordenes Wort, Diener Gottes, Messias-Christus, Prophet, Gesandter Gottes), ohne jedoch die damit verbundenen christlichen Inhalte zu übernehmen.
(3) Die Muslime lehnen die christliche Lehre von der Erlösung, von der

Gottsohnschaft, von der Vorherexistenz des Sohnes Gottes und von der Trinität ab.

(4) Der Koran zeichnet ein typisierendes Jesusbild. Angesichts dieser Tatsache dürfen die Christen allerdings nicht übersehen, daß »die Evangelien ähnlich typisierend verfahren sind mit einem Mann, in dem sie ihrerseits einen Vorläufer Jesu sahen: mit Johannes dem Täufer. Auch sie haben da von der historischen Wirklichkeit und, schlimmer noch, vom Selbstverständnis dieses Gottesboten – der nach muslimischem Verständnis ebenso ein Prophet war wie Jesus – nicht viel übriggelassen.«[14]

(5) Als Gesandter Allāhs kommt Jesus im Islam eine hohe Bedeutung zu; er ist der Verkünder des Willens Gottes. Gleichzeitig ist er ein Vorläufer Muḥammads. Denn dieser – und nicht der Jesus der Christen – ist »*der* Gesandte Allāhs« und damit »das Siegel der Propheten« (33,40). Der Koran aber, der eine Abschrift des himmlischen Urbuches darstellt (56,78; 85,21–22) und damit als nicht mehr hinterfragbare Autorität gilt, ist gleichsam der »Christus des Islams«[15].

5 Wer ist Gott?

»Gott ist das beladenste aller Menschenworte. Keines ist so besudelt, so zerfetzt worden.«[1] Für diese Feststellung Martin Bubers spricht einiges. Es gibt wohl kein Wort, das so abgegriffen und gleichzeitig dermaßen emotionsgeladen ist, wie das Wort Gott.

Gott: er wurde zum Spekulationsobjekt, zum Gegenstand, den man sezierte. Zeitweise wußten die Theologen seine Pläne so exakt darzulegen, als hätten sie jeden Abend mit ihm Karten gespielt. Er wurde aus seinem Mysterium herausgeholt, zur Gebrauchtware degradiert, als Markenzeichen verkauft und leistete seine Dienste als Aushängeschild. Gott, oder besser das Wort Gott, wurde für zu viele Dinge gebraucht – und mißbraucht. Es ist belastet und für viele Menschen mit vielerlei Mißverständnissen verknüpft. Die Erfahrungen, die damit verbunden sind und die Bilder und Vorstellungen, die damit in Zusammenhang gebracht werden, beziehen sich nicht nur auf die lichten, sondern häufig auch auf die dunklen Seiten der menschlichen Existenz. Das ist einer der Gründe, warum es oft schwer ist, von Gott zu sprechen.

Auf eine weitere Schwierigkeit hat Karl Rahner aufmerksam gemacht:

»*Über* Gott sagt mindestens das deutsche Wort gar nichts oder nichts mehr aus. Ob das in der ältesten Geschichte des Wortes immer so war, ist eine andere Frage. Heute wirkt das Wort ›Gott‹ jedenfalls wie ein Eigenname. Man muß anderswoher wissen, was oder wer damit gemeint ist. Das fällt uns meistens nicht auf; aber es ist so. Wenn wir – wie es durchaus in der Religionsgeschichte vorkommt – Gott z. B. den ›Vater‹, den ›Herrn‹ oder den ›Himmlischen‹ oder ähnlich nennen würden, dann würde das Wort von sich aus, von seiner Herkunft aus unserer sonstigen Erfahrung und dem profanen Gebrauch heraus etwas über das Gemeinte aussagen. Hier aber sieht es zunächst so aus, als ob das Wort uns anblicke wie ein erblindetes Antlitz.«[2]

Was – oder wer – mit Gott gemeint ist, wird eigentlich erst von der Religionsgeschichte her einigermaßen deutlich, insofern die einzelnen

Religionen von Gottes Handeln erzählen und *so* etwas über sein Wesen aussagen. Dabei aber treten auch innerhalb der drei großen monotheistischen Religionen bei allen Gemeinsamkeiten doch sehr unterschiedliche Gottesvorstellungen zutage.

»Jahwe, unser Gott, ist einzig.«

»Wenn ich den Glauben des Judentums im Telegrammstil auf ein einziges Wort reduzieren müßte, würde ich es *Einheitsdurst* nennen. Ein unstillbarer Durst nach jener Ur-Einheit, die der schier unerschöpflichen Vielfalt der Schöpfung zugrunde liegt. Ein und Einzig ist der Gott des Judentums, der ein Weltall schuf – daher der Begriff des Universums: des Ein-Alls, das zwar Latein ist, aber auf hebräischem Denken fußt; und in diese eine Welt setzte Gott die Menschheit als eine Großfamilie, die von einem Adam abstammt und unter dem Einen Vater-Gott verbrüdert ist und bleibt.«[3]

Schon das älteste jüdische Glaubensbekenntnis, das »Schema Jisrael«, betont Gottes Einzigkeit: »Höre, Israel! Jahwe, unser Gott, Jahwe ist einzig. Darum sollst du den Herrn, deinen Gott, lieben mit ganzem Herzen, mit ganzer Seele und mit ganzer Kraft« (Dtn 6,4f.).
Ursprünglich lag diesem Bekenntnis nur die Überzeugung zugrunde, daß Jahwe *für Israel* der eine und einzige Gott sei – was die Existenz anderer Götter keineswegs ausschloß.
Diese Feststellung mag nicht nur den Christen, sondern auch den Juden etwas schockierend erscheinen, zumal beide glauben, daß es nur einen einzigen Gott gibt. Dieser Glaube bildet dann gleichsam die Brille, durch die sie das Alte Testament lesen und interpretieren. Darüber vergessen sie, daß das Volk Israel einen sehr langen Weg zurückgelegt hat, bis es endlich hinfand zu seinem Bekenntnis zum einzigen *und* einen Gott.
In einer überaus informativen Studie dokumentiert der Exeget Norbert Lohfink, daß in den frühesten Schriften des Alten Testaments die Annahme, daß es viele Götter und Gottheiten gibt, geradezu selbstverständlich ist[4]. Außerdem hat das Volk Israel stets gewußt, daß seine

Vorväter verschiedene Gottheiten verehrten. Vom Patriarchen Jakob wird berichtet, daß er »seinem Haus und allen, die zu ihm gehörten«, befahl, die »fremden Götter« zu entfernen (Gen 35,2), und von Josua heißt es, daß er seine Landsleute aufforderte, die Götter fortzuschaffen, denen ihre Väter »jenseits des Euphrat-Stroms und in Ägypten gedient« hatten (Jos 24,14).

Die Forscher nehmen heute an, daß der Jahwe-Gott, von dem in den Patriarchengeschichten die Rede ist, ein Sippengott war. Im Gegensatz zu anderen Göttern war er nicht an einen bestimmten Ort gebunden, sondern konnte überall verehrt werden und sich auch überall bekunden. Kurzum, es handelte sich nicht um einen Orts-, sondern um einen Personengott, der seine Verehrer überallhin begleitete. Als die Vorväter, die wir uns als Nomaden und Halbnomaden vorstellen müssen, von der Wüsten- und Bergregion zwischen dem Roten und dem Toten Meer in das palästinensische Kulturland (Kanaan) einwanderten und sich dort ansiedelten, wurden sie mit der Vorstellung eines ganzen himmlischen Götterstaates konfrontiert, an dessen Spitze der Hochgott und Götterkönig El stand. Diesen Namen übertrugen sie in der Folge auf ihren eigenen Gott, der nun als »der Gott (El) Abrahams, der Gott Isaaks und der Gott Jakobs« (Ex 3,6.15) bezeichnet wurde.

Die Begegnung mit dem El-Gott und dessen allmähliche Gleichsetzung mit dem Jahwe-Gott fand nach dem heutigen Erkenntnisstand vor dem Auszug aus Ägypten statt.

Zu einer nicht mehr näher bestimmbaren Zeit drangen Gruppen von Jahwe-Verehrern in Ägypten ein und wurden dort zum Staatsdienst verpflichtet. Wohl um die Wende vom 13. zum 12. vorchristlichen Jahrhundert brachen Nachfahren dieser Einwanderer unter der Führung des Mose aus Ägypten auf und fanden vorerst in der Gegend der Sinai-Halbinsel neue Lebensmöglichkeiten. Etwa um 1100 drangen deren Nachkommen nach Palästina vor und besetzten das Land allmählich.

Wie die Ereignisse des Auszugs aus Ägypten und die Landnahme in Palästina sich im einzelnen abgespielt haben, braucht uns hier nicht zu beschäftigen. Wichtig ist, daß die Exodus-Erfahrung für die Auswanderer ein eigentliches Schlüsselerlebnis darstellte. Diese verstanden ihren Auszug und die Landnahme nicht als Selbstbefreiung, sondern als Befreiung durch ihren Gott, der damit in geradezu einzigartiger

Weise als Retter in Erscheinung trat. Die Erinnerung an diese Großtat hat sich später in dem sogenannten geschichtlichen Credo niedergeschlagen:

»Mein Vater war ein heimatloser Aramäer. Er zog nach Ägypten, lebte dort als Fremder mit wenigen Leuten und wurde zu einem großen, mächtigen und zahlreichen Volk. Die Ägypter behandelten uns schlecht, machten uns rechtlos und legten uns harte Fronarbeit auf. Wir schrien zum Herrn, dem Gott unserer Väter, und der Herr hörte unser Schreien und sah unsere Rechtlosigkeit, unsere Arbeitslast und unsere Bedrängnis. Der Herr führte uns mit starker Hand und hoch erhobenem Arm, unter großen Schrecken und Wundern aus Ägypten, er brachte uns an diese Stätte und gab uns dieses Land, ein Land, in dem Milch und Honig fließen« (Dtn 26,5–9).

Die Erkenntnis, daß Israels Gott nicht an einen Ort gebunden, sondern personenhaft und personenbezogen ist und deshalb überall und in jeder Situation als Helfer und Beschützer angerufen und erfahren werden kann, hat auch in der Geschichte von der Offenbarung seines Namens ihren Niederschlag gefunden.
Im Gegensatz zu uns Heutigen betrachtete das Volk Israel den Namen einer Person nicht als zufälliges Attribut. Der Name drückt vielmehr das Wesen einer Person aus. Gleichzeitig sagt er etwas aus über die Bedeutung dieser Person. Wer den Namen eines andern kennt, gewinnt zudem eine gewisse Macht über ihn.
Ohne die Kenntnis dieses Sachverhalts muß die Erzählung von der Offenbarung des Gottesnamens unverständlich bleiben. Wichtig ist aber auch der erzählerische Zusammenhang, innerhalb dessen die Offenbarung des Gottesnamens erfolgt.
Die Israeliten werden von den Ägyptern versklavt. Als Mose mitansehen muß, wie einer seiner Volksgenossen von einem Aufseher getötet wird, erschlägt er diesen und flieht. Eines Tages erscheint ihm am Berg Horeb Gott in einem brennenden Dornbusch und gibt ihm einen Auftrag:

»Ich sende dich zum Pharao. Führe mein Volk, die Israeliten, aus Ägypten heraus! Mose antwortete Gott: Wer bin ich, daß ich zum

Pharao gehen und die Israeliten aus Ägypten herausführen könnte? Gott aber sagte: Ich bin mit dir; denn ich habe dich gesandt, und als Zeichen dafür soll dir dienen: Wenn du das Volk aus Ägypten herausgeführt hast, werdet ihr Gott an diesem Berg verehren. Da sagte Mose zu Gott: Gut, ich werde also zu den Israeliten kommen und ihnen sagen: Der Gott eurer Väter hat mich zu euch gesandt. Dann werden sie mich fragen: Wie heißt er? Was soll ich ihnen darauf sagen? Da antwortete Gott dem Mose: Ich bin der ›Ich-bin-da‹. Und er fuhr fort: So sollst du den Israeliten sagen: Der ›Ich-bin-da‹ hat mich zu euch gesandt. Weiter sprach Gott zu Mose: So sag zu den Israeliten: *Jahwe,* der Gott eurer Väter, der Gott Abrahams, der Gott Isaaks und der Gott Jakobs, hat mich zu euch gesandt. Das ist mein Namen für immer, und so wird man mich nennen in allen Generationen« (Ex 3,10–15).

Die Ausleger der Bibel sind sich darüber einig, daß der Gottesname *Jahwe* eher eine Funktions- als eine Namensbezeichnung darstellt. Gott verspricht dem Mose und durch ihn dem Volk den gleichen Beistand, den er schon den Vätern – Abraham, Isaak, Jakob – in der Vergangenheit zuteil werden ließ. Wenn Gott von sich sagt: »Ich bin der ›Ich-bin-da‹«, so offenbart er sich als Helfer und Retter in allem, was auch geschehen mag. Er sagt damit nicht eigentlich, *wer er ist,* sondern tut kund, *wie er handelt.* Mit anderen Worten, er tritt nicht aus seiner Geheimnishaftigkeit heraus; aber er erweist sich als der, der bei seinem Volk gegenwärtig ist. Er gibt dem Menschen keine Macht über sich, indem er seinen Namen preisgibt, sondern versichert ihn seines Beistandes. Daß Gott als ein Gegenüber zu verstehen ist, das man ansprechen kann, zeigen die Bilder, die die Propheten später verwenden, wenn sie vom Jahwe-Gott sprechen. Hosea und Jesaja vergleichen Gott mit einem Vater, der sich zu seinem Sohn (d. h. zum auserwählten Volk) herabneigt (Hos 11,1; Jes 63,15f.; 64,5–7). Ebenso betonen die Propheten auch Gottes Mütterlichkeit. So Hosea, der von ihm als von den »Eltern« Israels spricht, der sein Volk »gehen lehrte«, es »auf seine Arme nahm«, sich ihm »zuneigte«, ihm »zu essen gab« (Hos 11,1–4). Beim Propheten Jeremia bezeichnet Gott sein Volk mit mütterlicher Voreingenommenheit als »Hätschelkind« (Jer 31,20). Als bei Deuterojesaja das Volk klagt, daß es vom Herrn vergessen worden sei, drückt dieser Herr-Gott seine ganze Zärtlichkeit für Israel mit dem Bild von der Frau und Mutter aus: »Kann denn eine Frau ihr Kindlein vergessen, eine Mutter ihren leiblichen Sohn« (Jes 49,15)? Tritojesaja schließlich zeigt, wie sich die »Hand des *Herrn*« offenbart – nämlich wie die zärtliche Hand einer *Frau:* »Wie eine Mutter ihren Sohn tröstet, so tröste ich euch« (Jes 66,13f.). Ezechiel, der große Trostprophet zur Zeit des babylonischen Exils, unterstreicht Gottes Fürsorglichkeit und Macht, indem er ihn einen Hirten und König nennt (Ez 20,33f.; 34,11–16). Ausdrücke wie »Gott aller Götter« (Ps 136,2) oder »Herr der Heere« (Jes 6,3), sollen Gottes Größe und Herrlichkeit beschreiben.

Manche alttestamentliche Gottesvorstellungen allerdings muten uns heute, gelinde ausgedrückt, seltsam und befremdlich an. Da ist die Rede von einem Gott, der Leidenschaften und Zornesausbrüchen unterworfen ist. Als er sieht, daß sich die Menschen von ihm abkehren, sagt er: »Ich will den Menschen, den ich erschaffen habe, vom Erdboden vertilgen, mit ihm auch das Vieh, die Kriechtiere und die Vögel des Himmels, denn es reut mich, sie gemacht zu haben« (Gen 6,7). Und er läßt die ganze Menschheit, ausgenommen Noach und seine Familie, untergehen. Ähnlich sagt Gott später von Saul: »Es reut mich, daß ich Saul zum König gemacht habe. Denn er hat sich von mir abgewandt und meine Befehle nicht ausgeführt« (1 Sam 15,11). Vor Zorn kann Gott »schreien, schnauben und schnaufen« (Jes 42,14). Denn Gott – und davon künden viele Stellen im Alten Testament – ist ein eifersüchtiger Gott, der geradezu maßlos seinen Zorn ausgießt, wenn sein Volk ihm untreu wird.

Verständlicherweise hat der heutige Mensch nicht unerhebliche Schwierigkeiten angesichts eines Gottesbildes, das allzu sehr nach menschlichen Verhaltensmustern gezeichnet zu sein scheint.

Hier ist zunächst einmal zu bedenken, daß unser Personbegriff dem alttestamentlichen Menschen fremd war. Die menschliche Rede von Gott bildete daher die einzige Möglichkeit, Gottes Personalität zum Ausdruck zu bringen.

Außerdem müssen wir uns daran erinnern, daß Gott sich bekanntlich im Laufe einer langen Geschichte offenbart hat. Schrittweise tat er sein Wesen und seinen Willen kund. Deshalb dürfen wir uns nicht wundern, wenn Gott und sein Heilsplan in den ältesten und früheren Schichten des Alten Testaments nur sehr unvollständig und oft sehr einseitig dargestellt sind. Ähnlich wie die Eltern ihren Kindern nicht alles auf einmal beibringen, sondern sie nach und nach, entsprechend ihrer jeweiligen Auffassungsgabe, belehren, gibt auch Gott dem Menschen nur allmählich zu verstehen, wer er ist und was er mit ihm vorhat. In der Theologie spricht man in dieser Hinsicht von einer progressiven Offenbarung. Was damit gemeint ist, soll wiederum ein Vergleich verdeutlichen. Ein erwachsener Mensch wird seine Eltern besser verstehen, als ihm das als Kind möglich war. Er hat ja inzwischen sehr viel mehr Erfahrungen gesammelt im Umgang mit ihnen. Dank dieser Erfahrungen vermag er manches, was ihm früher unbegreiflich erscheinen mußte, besser zu begreifen.

So verhält es sich auch hinsichtlich der Beziehung zwischen dem auserwählten Volk und Gott. Im Lauf der Jahrhunderte machen die Menschen immer neue Erfahrungen mit ihm, und in der Folge korrigieren die biblischen Autoren gewisse Einseitigkeiten früherer Verfasser. Manches wird auf diese Weise vervollständigt, anderes relativiert. Die Gottesvorstellung vervollkommnet sich im Lauf der Zeit.

Die Tatsache der Geschichtlichkeit der Selbstoffenbarung Gottes bietet uns so einen Schlüssel zum besseren Verständnis gewisser sehr menschlicher Aussagen über ihn, so etwa, wenn von Gottes Zorn oder von seiner Eifersucht die Rede ist. Zudem müssen wir uns vergegenwärtigen, daß Israel nach der Landnahme in Kanaan mit dem Götterkult der einheimischen Bevölkerung und jenem der Nachbarvölker konfrontiert war. Der dort herrschende Polytheismus wurde zunächst nicht dadurch überwunden, daß man die anderen Gottheiten leugnete. Vielmehr wird deren Existenz gerade vorausgesetzt. Vorausgesetzt aber wird ebenso eindeutig, daß Jahwe sich diesen Göttern gegenüber als der Stärkere und Mächtigere erweist. Allerdings darf nur er allein verehrt werden. Religionsgeschichtlich redet man in dieser Hinsicht von Henotheismus. Die Forderung »Du sollst neben mir keine anderen Götter haben« (Ex 20,3) richtet sich ursprünglich nicht gegen den Glauben an die Existenz anderer Götter, sondern verbietet lediglich deren Verehrung. So erklärt sich auch der folgende Zusatz: »Du sollst dich nicht vor anderen Göttern niederwerfen, und dich nicht verpflichten, ihnen zu dienen. Denn ich, der Herr, dein Gott, bin ein eifersüchtiger Gott.«

Je weiter Israel in seiner Gotteserkenntnis fortschreitet, um so deutlicher wird sein Bewußtsein dafür geschärft, daß Gottes Eifersucht keine

niedrige Regung hinsichtlich der anderen Götter darstellt, sondern von seiner Heiligkeit her zu verstehen ist. Er ist der einzige Gott, der allein Heilige, und diese Ehre darf er keinem anderen überlassen (vgl. Jes 48,11). Er kann nicht dulden, daß sein heiliger Name entweiht wird. Hier ist der Schritt vom Henotheismus zum Monotheismus anzusetzen. Das Volk Israel verehrt seinen Gott nicht in der Weise, wie andere Völker ihre Götter verehren. Vielmehr setzt sich allmählich die Gewißheit durch, daß es keine anderen Götter gibt. Spätestens seit dem Exil in Babylon (586) ist diese Überzeugung allgemein verbreitet. Diese Wandlung läßt sich auch sprachlich verfolgen. Gottes Heiligkeit tritt nun immer mehr in den Vordergrund. Die hebräische Wortbedeutung von Heiligkeit, *kadosch,* weist auf das Trennende und Absondernde hin. In dem Maße, als Gott als der Heilige erfahren wird, erscheint er gleichzeitig als der ganz Andere, als der Einzige, als der über die Welt Erhabene. Gottes Heiligkeit schließt seine Transzendenz, seine Welt-Jenseitigkeit mit ein. Zwar wird er als »Retter« erfahren, aber er ist und bleibt doch der »verborgene Gott« (Jes 45,15).
Im Gegensatz zum Christentum kennt das Judentum keine umfassende Gotteslehre. Erst im 12. Jahrhundert stellte Mose Maimonides in seinem Mischnakommentar eine Zusammenfassung der wichtigsten Glaubensüberzeugungen zusammen:

1. »Ich glaube mit voller Überzeugung, daß der Schöpfer – gelobt sei sein Name – alle Geschöpfe erschaffen hat und lenkt und daß er allein alle Werke vollbracht hat, vollbringt und vollbringen wird.
2. Ich glaube mit voller Überzeugung, daß der Schöpfer – gelobt sei sein Name – einzig ist und keine Einheit der seinen in irgendeiner Beziehung gleicht und daß er allein unser Gott war, ist und sein wird.
3. Ich glaube mit voller Überzeugung, daß der Schöpfer – gelobt sei sein Name – kein Körper ist und Körperliches ihm nicht anhaftet und daß er seinesgleichen nicht hat.
4. Ich glaube mit voller Überzeugung, daß der Schöpfer – gelobt sei sein Name – der erste ist und der letzte sein wird.
5. Ich glaube mit voller Überzeugung, daß der Schöpfer – gelobt sei sein Name – allein Anbetung verdient und daß es sich nicht gebührt, ein Wesen außer ihm anzubeten.

6. Ich glaube mit voller Überzeugung, daß alle Worte der Propheten wahr sind.
7. Ich glaube mit voller Überzeugung, daß das Prophetentum unseres Lehrers Mose wahr ist und daß er der Meister aller Propheten ist, die vor ihm waren und die nach ihm gekommen sind.
8. Ich glaube mit voller Überzeugung, daß die Tora, wie wir sie jetzt besitzen, unserem Lehrer Mose – Friede sei mit ihm – gegeben wurde.
9. Ich glaube mit voller Überzeugung, daß diese Tora nie vertauscht wurde und daß keine andere vom Schöpfer – gelobt sei sein Name – ausgehen wird.
10. Ich glaube mit voller Überzeugung, daß der Schöpfer – gelobt sei sein Name – alle Handlungen der Menschen und alle ihre Gedanken kennt, denn so heißt es: ›Er, der ihre Herzen allesamt gebildet hat, versteht auch ihr Tun‹.
11. Ich glaube mit voller Überzeugung, daß der Schöpfer – gelobt sei sein Name – Gutes erweist denen, die seine Gebote beachten, und diejenigen bestraft, die seine Gebote übertreten.
12. Ich glaube mit voller Überzeugung an das Erscheinen des Messias, und wenn er auch noch säumt, so harre ich trotzdem täglich seiner Ankunft.
13. Ich glaube mit voller Überzeugung, daß eine Auferstehung der Toten zu der Zeit stattfinden wird, die dem Schöpfer wohlgefallen wird. Gelobt sei sein Name und gepriesen sein Andenken für immer und in alle Ewigkeit.«[5]

Diese 13 Glaubensartikel sind keine Lehr-Formeln, sondern ein Bekenntnis. Es findet sich heute im »Siddur«, dem Alltags-Gebetbuch der Juden und hat auf diesem Weg in die Liturgie Eingang gefunden. Allerdings ist dieses Bekenntnis nie als für das gesamte Judentum verbindlich erklärt worden.

Abgesehen von den wenigen bindenden Glaubensinhalten, welche die Einzigkeit Gottes, die Offenbarung der Tora und die Auferstehung der Toten betreffen, kennt das Judentum keine Dogmen. Selbst die Tora ist keine Lehre vom Glauben, sondern die Weisung zum Tun (vgl. Dtn 5,1; Am 5,14f.; Ps 34,12–15). Das Judentum ist nicht an Sätzen über Gott, sondern an einem Leben mit Gott interessiert. Gefordert ist die

emuna. Dieser Begriff wird in der Regel mit »Glauben« übersetzt, aber eigentlich meint er eher Vertrauen oder Treue oder Zuverlässigkeit – oder besser noch all das zusammen. Der Gläubige erfährt Gott als Gegenüber und Du, er lobt und bittet ihn, er dankt ihm und (man denke nur an Ijob oder Jeremia!) streitet mit ihm. Vor allem aber preist er Gott als allmächtigen Schöpfer, als machtvollen Befreier, als treuen Bündnispartner. Gott ist der Weltenschöpfer (vgl. Gen 2,4–25: älterer; Gen 1: jüngerer Bericht) und offenbart sich in dieser Schöpfung (Weish 13,1–5); er ist ein Befreier- und Erlösergott (Dtn 26,5–9; Jes 44,21–28); er steht treu zu seinem Bündnis, das er mit Israel am Berg Sinai geschlossen hat (Ex 19–24; 2 Sam 7,8–16); er bietet dem Volk einen neuen Bund an (Jer 31,32), nachdem der alte wegen dessen Treulosigkeit in die Brüche gegangen ist (Jer 22,9; Ez 16,15–43).
Der *Talmud* setzt Gottes Schöpfertätigkeit schlicht voraus. Thema zahlreicher Erörterungen und Lehrgespräche aber ist die Schöpfung selber: Was wurde zuerst geschaffen, der Himmel oder die Erde (b Chagiga 12a)? In welcher Jahreszeit hat Gott die Welt erschaffen (b Rosch Haschana 10b–11a)? Wann entstand das Feuer (b Pesachim 54 a)? . . .
Daß Jahwe aber nicht nur der Schöpfer-, sondern auch der Befreiergott ist, wird im Traktat Pesachim aufs eindrücklichste dargelegt:

»In jeder einzelnen Generation ist ein Mensch verpflichtet, sich selbst so zu betrachten, als ob er aus Ägypten gezogen sei, denn es heißt: ›Du sollst es deinem Sohn an jenem Tag also erzählen: Um des willen, was der Herr für mich getan hat, als ich aus Ägypten zog‹ [Ex 13,8]. Darum sind wir verpflichtet zu danken, zu loben, zu rühmen, zu verherrlichen, zu erheben, zu verehren, zu segnen, zu erhöhen und zu huldigen dem, der an unseren Vätern und an uns allen diese Wunder getan hat. Er hat uns aus der Knechtschaft zur Freiheit geführt, aus dem Kummer zur Freude, aus der Trauer zum Fest, aus der Finsternis in großes Licht, aus der Sklaverei zur Erlösung. So wollen wir vor ihm sagen: ›Lobet den Herrn!‹ [Ps 113,1]« (b Pesachim X,5).

Wie das Alte Testament spricht auch der Talmud nicht nur vom Befreier, sondern auch vom Bundesgott, dessen Treue zu seinem Wort so groß ist, daß er sogar Israels Untreue vergißt:

»Der Heilige, gelobt sei er, sprach: Könnte ich denn die Brandopfer, Widder und Erstgeburten vergessen, die du vor mir in der Wüste dargebracht hast? Da sagte sie [die Gemeinde Israel] vor ihm: Herr der Welt, da es kein Vergessen gibt vor dem Thron deiner Herrlichkeit – vielleicht kannst du mir auch die Geschichte mit dem Kalb nicht vergessen [vgl. Ex 32]? Er sprach zu ihr: Ja, dies soll vergessen sein [Jes 49,15c]. Sie sagte vor ihm: Herr der Welt, da es ein Vergessen gibt vor dem Thron deiner Herrlichkeit – vielleicht wirst du mir auch die Geschichte vom Sinai vergessen [gemeint ist die Gottesbegegnung am Sinai; Ex 19–20]. Er sprach zu ihr: Ich aber, ich vergesse dich nicht [Jes 49,15d].
Das ist es, was Rabbi Elasar sagte: Rabbi Oschaja sagte: Was bedeutet es, daß geschrieben steht: ›Ja, dies soll vergessen sein?‹ Das bezieht sich auf die Geschichte mit dem Kalb. ›Ich aber, ich vergesse dich nicht‹ dagegen bezieht sich auf die Geschichte vom Sinai« (b Berachot 32b).

Das biblische Judentum wie auch die nachbiblische rabbinische Tradition ergehen sich nicht in philosophischen Spekulationen über Gott. Man *erzählt* von Gott und erlebt so seine Nähe.

Daß dabei zahlreiche Bilder von Gott gebraucht werden (das Bilderverbot in Ex 20,4 betrifft nur die Herstellung von Kultbildern!) ist ebenso selbstverständlich wie die ›Vermenschlichung‹ Gottes in Begriff und Sprache. Aber Bilder und Anthropomorphismen sagen nichts aus über Gottes ›Natur‹, sondern betreffen die *Beziehung* zwischen Gott und den Menschen. Voraussetzung für eine solche Beziehung ist die Erkenntnis, daß Gott, obwohl er im Himmel wohnt (Ps 33,13f.), mitten unter seinem Volk gegenwärtig ist. Die Rabbinen sprechen diesbezüglich von der *Schechina,* der Einwohnung Gottes[6].

Die Vorstellung vom Wohnen Gottes unter seinem Volk war ursprünglich im Zusammenhang mit dem Heiligtum entstanden, das Jahwe für sich gefordert hatte: eine vergoldete Holztruhe, in der die Gesetzestafeln aufbewahrt wurden und auf deren Deckeln zwei Cherubim mit einander zugewandtem Angesicht angebracht waren (vgl. Ex 25,10–22). Unsichtbar über den Cherubim stellte man sich den thronenden Jahwe vor (1 Sam 4,4), weshalb die Bundeslade auch »Wohnsitz des Herrn« (Jos 3,13) genannt wurde. Die durch die Lade versinn-

bildete Gegenwart Gottes empfand man schließlich so intensiv, daß man die Bundeslade und Gottes Gegenwart geradezu gleichsetzte. Im Heiligtum ist Gott seinem Volk fast greifbar nahe. Damit dürfte in etwa deutlich geworden sein, was die Schechina meint, nämlich nichts anderes als *Gott, wie er unter den Menschen im Heiligtum gegenwärtig ist und sich so offenbart*. Während der »Ort« Gottes der Himmel ist, ist der Ort der Schechina das Heiligtum. Später übertrug man die Vorstellung von der Einwohnung Gottes mehr und mehr auf den Tempel. Nach dessen Zerstörung und der Verschleppung Israels hat die Schechina keinen Ort mehr und wird selbst heimatlos. So ist Israels Not auch Gottes Not, weil er ja sein Volk in allen Nöten begleitet. Bis zur endgültigen Erlösung ist die Schechina »in jeder Betergemeinde gegenwärtig, sie ist inmitten der Richter und erleuchtet ihren Rechtsspruch, ja sie ist bei jedem einzelnen, der da lernt und betet. Gott ist also dem Juden nicht fern, er ist ihm sehr nahe, ja man kann sagen, es gibt eine Schicksalsgemeinschaft zwischen Gott und Israel, er entzieht sich seinem Volk nicht.«[7]
Auch dem gläubigen Juden stellt sich immer wieder die Frage, wo Gott zu finden ist. Rabbi Menachem Mendel von Kozk (1783–1859), ein Vertreter des Chassidismus, gibt darauf eine Antwort, über die nachzudenken sich lohnt: »Er ist dort, wohin man ihn einlädt zu kommen.«[8]

»Im Namen des Vaters und des Sohnes und des Heiligen Geistes«

Auf den Gott, der sich dem Volk Israel geoffenbart hat, bezieht sich auch Jesus in seiner Verkündigung. Das bezeugen alle drei synoptischen Evangelien. Der Gott Jesu ist der Gott Abrahams, Isaaks und Jakobs (Mk 12,26 parr.).
Selbstverständlich ist Jesu Bewußtsein und damit seine ganze Verkündigung von der alttestamentlichen Gotteserfahrung durchdrungen und geprägt. Gott ist für ihn »nicht ein Gott von Toten, sondern von Lebenden« (Mk 12,27 parr.). Er ist der Schöpfer, der sich um seine Geschöpfe sorgt: »Seht euch die Vögel des Himmels an: Sie säen nicht, sie ernten nicht und sammeln keine Vorräte in Scheunen; euer himmli-

scher Vater ernährt sie. Seid ihr nicht viel mehr wert als sie« (Mt 6,26)? Daß Gottes Fürsorge nicht nur den großen und umfassenden Dingen des Lebens gilt, sondern sich auf alle Bereiche erstreckt, erläutert Jesus mit ebenso rührenden wie ergötzlichen Beispielen: Kein Spatz fällt vom Dach, ohne Gottes Willen! Und beim Menschen, der »mehr wert ist als viele Spatzen«, sind sogar »die Haare auf dem Kopf gezählt« (Mt 10,29–31)! Deshalb darf sich der Mensch in jeder Situation an Gott wenden, und er braucht dabei gar nicht »viele Worte« zu machen (Mt 6,7).

In seiner Verkündigung bedient sich Jesus, wie schon das Alte Testament, der verschiedensten Bilder, wenn er von Gott redet. Gott erscheint als fürsorglicher Vater (Lk 15,11–32; vgl. Mt 7,9), als hilfreicher Freund (Lk 11,5–8), als Gutsbesitzer, der jeden über seine Verdienste hinaus entlohnt (Mt 20,1–16), als Richter, der sein Herz offenhält für die Bitten der Bedrängten (Lk 18,1–8).

Das kühnste und zugleich revolutionärste Bild allerdings verwendet Jesus in der Vaterunser-Anrede. Gewiß, Israel hat Gott schon sehr früh als seinen Vater bezeichnet. Dafür stand im Hebräischen das Wort *abbinu,* das einen sehr feierlichen und ehrfürchtig-distanzierten Klang hat. Jesus aber geht einen Schritt weiter. Er verwendet nicht den Begriff *abbinu,* sondern die vertrauliche, hingebungsvolle aramäische Anrede *abba:* lieber guter Vater du. Das ist absolut neu. »Es gibt keinen einzigen jüdischen Text vor oder aus der Zeit Jesu, in dem *abba* allein und ohne jeden Zusatz als Gebetsanrede begegnet.«[9]

Bei dem aramäischen *abba* handelt es sich um die der Umgangs- und Kindersprache entnommene Lallform, die aber auch dann noch gebraucht wurde, wenn der Sprecher kein Kind mehr war. Beides, Respekt und Herzlichkeit, kommt in diesem Begriff zum Ausdruck, den wir im Deutschen wohl am besten mit dem familienalltäglichen Wort ›Papa‹ wiedergeben.

Abba – darin ist alles eingeschlossen: Zuneigung und Zutrauen, Liebe und Dankbarkeit, Verbundenheit und Wärme, Geborgenheit und Zärtlichkeit.

Gewiß handelt es sich auch hier um ein Bild. Dieses Bild will sagen: Gott ist kein ferner, sondern ein naher Gott; er ist kein grausamer, sondern ein fürsorglicher Gott; er ist nicht ein Gott ohne Eigenschaften, sondern ein Gott mit Leidenschaften, weil er die Menschen leidenschaftlich liebt.

Abba – das besagt natürlich nicht, daß wir uns Gott als männliches Wesen vorstellen müssen. Wir konnten bereits feststellen, daß schon das Alte Testament neben seinen väterlichen auch seine mütterlichen Züge hervorhebt.
Eben dieses Bild von der mütterlichen Vatergestalt greift Jesus auf, wenn er uns einlädt, zu Gott als unserem »Abba« zu beten. Damit aber sagt Jesus gleichzeitig etwas aus über den Menschen. Wenn Gott dem Menschen gegenüber mit mütterlicher Väterlichkeit erfüllt ist, dann ist der Mensch nicht mehr sein Lohndiener oder sein Knecht oder gar sein Sklave, sondern sein Sohn und seine Tochter.
Nicht daß Jesus Gott verniedlichen würde; auch er redet vom Zorn Gottes (vgl. Mt 18,34 u. ö.). Dabei ist allerdings vorausgesetzt, daß der Mensch sich von ihm nicht bloß aus Schwachheit oder aus Uneinsichtigkeit abwendet, sondern aus purer Bosheit, mit Wissen und Willen.
Durch seine ganze Verkündigung und sein Verhalten zeigt Jesus aber auch, daß mit ihm die Beziehung zwischen Gott und der Menschheit in eine völlig neue Phase eingetreten ist. Er gibt zu verstehen, daß mit seinem Auftreten ein Auftrag verbunden ist, der nicht mit dem der früheren Propheten verglichen werden kann: »Die Zeit ist erfüllt, das Reich Gottes ist nahe. Kehrt um und glaubt an das Evangelium« (Mk 1,15)!
Jesus verkündet, daß Gott allen Menschen wohlgesinnt ist. Sünder und Gerechte, Fromme und Gesetzeslehrer, Zöllner und Pharisäer – alle sind sie in Gottes Liebe eingeschlossen. Keiner ist ihm zu gering, keiner zu sündig, keiner zu schuldig. Für Gott stellt sich nicht die Alternative Recht oder Gnade; vielmehr gilt einzig das Recht der Gnade. Daß eine solche Haltung nicht vorbehaltlos bejaht wurde, zeigt die Gleichnisgeschichte vom verlorenen Sohn (Lk 15,11–32), welche eigentlich von der Liebe des Vaters zu seinen *beiden* Söhnen handelt. Dem jüngeren geht der Vater entgegen und vergibt ihm bedingungslos: den älteren, der sich auf seine Verdienste besinnt (»Nie habe ich gegen deinen Willen gehandelt . . .«), lädt er ein, am Versöhnungsfest teilzunehmen.
Seine Verkündigung von Gott bestätigt Jesus durch sein Verhalten. Indem er sich mit Zöllnern und Sündern zusammensetzt, zeigt er, daß Gott allen einen Neuanfang ermöglicht. Seine Liebe ist nicht von

menschlichen Vorleistungen abhängig. Gleichzeitig läßt Jesus durchblicken, daß sich in seinem Handeln Gottes Handeln selbst manifestiert. Er bringt die Ankunft des Gottesreiches mit seiner Person in Verbindung. Das läßt sich an Hand eines Jesuswortes nachweisen, dessen Historizität allgemein anerkannt ist: »Wenn *ich* die Dämonen durch den Geist Gottes austreibe, dann ist das *Reich Gottes* schon zu euch gekommen« (Mt 12,28 par.). Weil der Mensch Jesus ganz auf Gottes Seite steht, können die Menschen in Jesus Gott begegnen. Dieser Überzeugung verleiht das ganze Neue Testament Ausdruck. Nur ein paar wenige Beispiele seien hier angeführt. So wie Jesus nichts tun kann, ohne auf den Vater zu schauen, kann er auch nicht sagen, wer er ist, ohne sich dabei auf den Vater zu beziehen (Mt 11,27). Der Gott Jesu ist sein Vater (Röm 15,6; 2 Kor 11,31; Eph 1,3), Jesus aber Gottes »eigener« (Röm 8,29), ja sein »einziger Sohn« (Joh 1,14; 3,16.18). Jesus und der Vater sind so sehr miteinander verbunden, daß man im Sohn dem Vater selber begegnet (Joh 14,9–11). Kurzum, weil Gott selbst in Jesus dem Menschen entgegenkommt, kann man in und mit Jesus erfahren, wer und wie Gott ist.

Ein Einwand scheint überfällig. Jesus spricht immer nur vom »Vater«. Und der Heilige Geist? Tatsächlich spielt der Heilige Geist in der Predigt des geschichtlichen Jesus so gut wie keine Rolle. Andererseits aber verstehen alle neutestamentlichen Verfasser das Leben Jesu messianisch, als geist-gewirkt. Dabei allerdings entfalten sie noch keine Lehre im Sinne des späteren Dreifaltigkeitsdogmas (»Ein Gott in drei Personen«), sondern beschränken sich auf eine heilsgeschichtliche Betrachtung und Darstellung: Gott wird in seinem Sohn sichtbar. Paulus bringt das zum Ausdruck, indem er einen alten Christushymnus zitiert: »Er [Jesus Christus] ist das Ebenbild des unsichtbaren Gottes« (Kol 1,15). Johannes sagt der Sache nach das gleiche, wenn er Jesus die Worte in den Mund legt: »Wer mich gesehen hat, hat den Vater gesehen« (Joh 14,9; vgl. 8,19; 12,49 u. ö.). Nach Jesu Tod und Auferstehung gibt sich die junge Kirche Rechenschaft, daß Jesus in neuer Weise in ihr gegenwärtig ist. Diese Gegenwart wird als Wirken des Gottesgeistes erfahren. Dieser Geist ist der Geist Jesu, der bewirkt, daß sein Wort weiterverkündet und sein Werk weitergetan wird. Davon legt die Apostelgeschichte in einem Ausmaß Zeugnis ab, daß man sie geradezu als »Evangelium des Heiligen Geistes« bezeichnet hat.

Obwohl das Neue Testament keine ausgeformte Dreifaltigkeitslehre enthält, finden sich doch, zumindest ansatzweise, Überlegungen, die in diese Richtung zielen. Das gilt etwa für den Verkündigungsauftrag am Schluß des Matthäusevangeliums: »Darum geht zu allen Völkern, und macht alle Menschen zu meinen Jüngern; tauft sie auf den Namen des Vaters und des Sohnes und des Heiligen Geistes, und lehrt sie, alles zu befolgen, was ich euch geboten habe« (Mt 28,19f.). Dieser Auftrag des Auferstandenen ist vom Evangelisten nach der ihm damals bekannten Taufpraxis formuliert. Andere neutestamentliche Aussagen unterstreichen, daß der Sohn als »Wort« (Logos) seit jeher beim Vater lebt (Joh 1,1; Phil 2,6); daß die Ankunft des Gottesreiches mit Jesus zusammenhängt (Mk 1,14f.; Mt 12,28); daß »der Geist des Herrn« auf ihm ruht (Lk 4,18.21). Allerdings sagt das Neue Testament nur, *daß* eine Beziehung zwischen Vater, Sohn und Heiligem Geist besteht: der Vater sendet den Sohn und den Geist (Joh 14,16.26); er schenkt den Geist durch den Sohn (Joh 15,26). Die neutestamentlichen Autoren zeigen, wie sich Gott als Vater, Sohn und Geist in der menschlichen Heilsgeschichte geoffenbart hat. In der Theologie spricht man in dieser Hinsicht von der *ökonomischen Trinität*. Im neutestamentlichen Sprachgebrauch meint der Begriff ›Ökonomie‹ (vom griechischen *oikonomía* = geordnete Einteilung, Haushaltung) den *(Heils-) Plan Gottes und sein Handeln innerhalb der Geschichte* (vgl. 1 Tim 1,4).

Dagegen stellt sich für die Verfasser des Neuen Testaments noch nicht das Problem der *immanenten Trinität,* womit das »Innenleben« der Dreifaltigkeit gemeint ist, näherhin die Art und Weise, wie die Beziehung zwischen Vater, Sohn und Geist »innergöttlich« zu denken ist.

Unter immanenter Trinität versteht man also den dreifaltigen Gott, wie er in sich *ist,* während die Rede von der ökonomischen Trinität sich darauf bezieht, wie der Mensch Gott als den Dreifaltigen, als Vater, Sohn und Geist, *erfährt*.

Damit sind wir nun unversehens zum Zentrum der christlichen Lehre vorgestoßen, nämlich zum Glaubensgeheimnis vom dreifaltigen Gott.

Daß dieser Glaube im Neuen Testament grundgelegt ist, konnten wir bereits feststellen. Auf dieser Grundlage wurde er im Lauf der Jahr-

hunderte vertieft und entfaltet. Dabei stützte sich die spätere Reflexion vor allem auf Paulus, der als erster Theologe systematisch über Wesen und Wirken des Geistes nachgedacht hat.
Natürlich versteht es sich für Paulus von selbst, daß es nur einen lebendigen und wahren Gott (1 Thess 1,9) und Schöpfer (Röm 1,19f.) gibt. Jesus Christus ist »das Ebenbild des unsichtbaren Gottes« (Kol 1,15); »in ihm allein wohnt wirklich die ganze Fülle Gottes« (Kol 2,9). Gewiß finden sich bei Paulus Formeln, die nur vom Vater und vom Sohn sprechen: »So haben wir nur einen Gott, den Vater. Und einer ist der Herr: Jesus Christus« (1 Kor 8,6). Aber es gibt bei ihm auch Äußerungen, die in die Richtung des Trinitätsdogmas weisen, das sich in nachneutestamentlicher Zeit herauskristallisiert hat. Aus der Liturgie bekannt ist der Segensgruß des Apostels an die Gemeinde von Korinth: »Die Gnade Jesu Christi, des Herrn, die Liebe Gottes und die Gemeinschaft des Heiligen Geistes sei mit euch allen« (2 Kor 13,13)! Seine Anweisungen für das christliche Leben, die er der gleichen Gemeinde zukommen läßt, leitet Paulus so ein: »Es gibt verschiedene Gnadengaben, aber nur den einen Geist. Es gibt verschiedene Dienste, aber nur den einen Herrn. Es gibt verschiedene Kräfte, die wirken, aber nur den einen Gott: Er bewirkt alles in allen« (1 Kor 12,4–6).
Weil Gott sich den Menschen in Jesus geoffenbart hat, kann Paulus den Geist Gottes näher bestimmen: Er ist der Geist Jesu Christi, des Sohnes (vgl. Röm 8,9; Gal 4,6; Phil 1,19). Paulus unterscheidet deutlich zwischen Gott, Christus und dem Geist; aber in bezug auf ihre *Wirkung* bilden die drei eine Einheit: Gott schafft Heil *durch* Christus *im* Geist.
Ähnliches ließe sich auch im Hinblick auf die Apostelgeschichte und das Johannesevangelium sagen. In beiden Schriften ist es der Geist, welcher gewährleistet, daß die Kirche getreu in der Nachfolge Jesu steht: Gott ist in der Kirche *durch* Christus *im* Geist gegenwärtig.
Wie aber müssen wir uns die Beziehung zwischen Vater, Sohn und Geist denken? Wie kann man von einer Dreiheit in dem einen Gott sprechen, ohne praktisch einem Drei-Götter-Glauben zu verfallen?
Ein gewisser Sabellios (von dem wir nur wissen, daß er aus Lybien stammte und sich um 220 in Rom aufhielt) versuchte diese Fragen zu lösen, indem er Vater, Sohn und Geist als *verschiedene Erscheinungsweisen* des einen Gottes bezeichnete: In sich sei Gott einer. Der Mensch

aber begegne ihm im Verlauf der Heils- und Offenbarungsgeschichte auf dreifache Weise: als Gesetzgeber sei Gott im Alten Testament Vater, als Erlöser sei er von der Geburt bis zur Himmelfahrt Sohn, und seither wirke er als Geist unter den Menschen. Obwohl Papst Callixtus I. (†222) Sabellios aus der Kirche ausschloß, fanden sich für seine Ansichten immer wieder Sympathisanten.
Mit diesen setzte sich Dionysios auseinander, der um die Mitte des 3. Jahrhunderts Bischof von Alexandreia war. Dabei aber verfiel er prompt ins andere Extrem. Er betonte die Unterschiede der drei göttlichen Personen so sehr, daß seine Gegner ihn beschuldigten, einen Drei-Götter-Glauben zu vertreten. Sein Namensvetter in Rom, Papst Dionysius, nahm in diesem Streit Stellung. Der Brief, den er an den Bischof von Alexandreia sandte, ist die erste bedeutende Entscheidung des kirchlichen Lehramtes über das Geheimnis der heiligsten Dreifaltigkeit. Unter anderem heißt es darin:

»Man darf also weder die bewundernswerte und göttliche *Einheit* in *drei Gottheiten* spalten noch die Würde und alles überragende Größe des Herrn durch den Ausdruck ›Geschöpf‹ verringern. Sondern man muß glauben an Gott, den allmächtigen Vater, und an Christus Jesus, seinen Sohn, und an den Heiligen Geist. [Man muß ferner glauben,] daß das WORT (logos) mit dem Gott aller Dinge vereinigt sei. Denn er [das Wort] sagt: ›Ich und der Vater sind eins‹ (Joh 10,30) und ›Ich bin im Vater und der Vater ist in mir‹ (Joh 14,10). Auf diese Weise wird sowohl die *göttliche Dreifaltigkeit* als auch die *heilige Lehre der Monarchie* [göttliche Einheit] gewahrt« (NR 249).

Damit waren die Schwierigkeiten natürlich nicht aus der Welt geschafft. Neue Fragen stellten sich, als es darum ging, die Beziehung zwischen Gott und Jesus näher zu bestimmen[10]. Dies geschah auf dem Konzil von Nikaia (325), welches die Wesenseinheit des Sohnes mit dem Vater lehrt:

»Wir glauben an den *einen* Gott, den allmächtigen Vater, Schöpfer aller sichtbaren und unsichtbaren Dinge, und an den einen Herrn Jesus Christus, den Sohn Gottes, als Einziggeborener gezeugt vom Vater, das heißt aus der Wesenheit des Vaters, Gott von Gott, Licht vom Lichte, wahrer Gott vom wahren Gott [. . .] Und [wir glauben] an den Heiligen Geist« (NR 155).

Das Konzil sagt nichts darüber, wie das innere Leben Gottes zu denken sei. Es bezieht lediglich Stellung gegen wirklich existierende oder latent vorhandene Irrlehren. Gegen eine mögliche Interpretation der Dreifaltigkeit im Sinne eines Tritheismus (Drei-Götter-Glaubens) unterstreicht es die Einzigkeit Gottes. Gegen die Auffassung, daß Vater, Sohn und Geist bloße Erscheinungsformen des einen Gottes seien, oder daß der Sohn dem Vater untergeordnet sei (wie Areios gelehrt hatte[11]), betont das Konzil die Gottheit von Sohn und Geist, wobei die Gottgleichheit des Sohnes mit dem Bild vom Licht (»Licht vom Lichte«) »erklärt« wird.
Da das Konzil von Nikaia lediglich den Rahmen für eine Trinitätslehre abgesteckt hatte, konnte es natürlich nicht ausbleiben, daß die Theologen auf diesem Gebiet weitere Spekulationen anstellten.
Vor allem drei große Denker wirkten hier wegweisend, die man gewöhnlich nach ihrer Heimat Kappadokien am nördlichen Rande Syriens als »die Kappadokier« bezeichnet. Es sind dies Basileios von Kaisareia (um 330–379), sein Bruder Gregorios von Nyssa (um 334–394) und dessen Freund Gregorios von Nazianz (330–390). Ihre Überlegungen haben die späteren Konzilsentscheidungen weitgehend beeinflußt.
Nun hatte bekanntlich das Konzil von Nikaia in seinem Glaubensbekenntnis den Heiligen Geist gerade am Rande noch erwähnt: »Und [wir glauben] an den Heiligen Geist« (NR 155). Bezüglich dieses Glaubens kam es in der Folge zu heftigen Kontroversen, in welche sich die Kappadokier einschalteten. Manche äußerten nämlich Zweifel an der Göttlichkeit des Geistes; sie sahen in ihm ein Geschöpf Gottes oder aber eine Art Mittler zwischen Gott und seiner Schöpfung. Basileios und Gregorios von Nazyanz hingegen wiesen darauf hin, daß der Geist, ähnlich wie der Sohn, aus dem Vater hervorgehe. Auf den Einwand, daß der Geist und der Sohn demnach Brüder seien, entgegnete Gregorios von Nyssa, der Geist gehe aus dem Vater *durch* den Sohn hervor. Sein Freund Gregorios von Nazyanz verdeutlichte die Beziehung zwischen Vater, Sohn und Geist an Hand der Beziehung zwischen Adam, Eva und ihrem Sohn Set (vgl. Gen 4,28): Set ist von Adam

gezeugt, also gleichen Wesens mit ihm, Eva jedoch, die ihrerseits gleichen Wesens mit Adam ist, wurde nicht von ihm gezeugt, sondern ist aus ihm entstanden: Eva *geht* aus Adam *hervor,* ohne aber von ihm gezeugt zu sein.

Alle drei Kappadokier gehen davon aus, daß Gott letztlich unbegreiflich ist und unbegreiflich bleibt. Dieser eine, lebendige Gott aber manifestiert sich innerhalb der Heilsgeschichte sozusagen in drei Schritten als Vater, Sohn und Geist, ohne daß er dadurch aufhört, ein einziges Wesen zu sein. Allmählich erkannte man, daß diese Offenbarung Gottes »nach außen hin« in Gott selbst eine Entsprechung haben müsse. Wenn der unbegreifliche Gott sich als begreifliche Dreiheit von Vater, Sohn und Geist dem Menschen mitteilt, so sind die Drei durch je eigene, »persönliche« und insofern nicht auswechselbare Eigenschaften charakterisiert: Der Vater ist *ungezeugt,* der Sohn *gezeugt,* der Geist *hervorgegangen.* Sohn und Geist gehen aus dem Vater hervor, ohne ihn aber zu verlassen. Die Drei unterscheiden sich damit nicht in ihrem Wesen, sondern bloß aufgrund ihres Hervorgegangenseins oder Nicht-Hervorgegangenseins. Das Ursprungsein beim Vater, das Gezeugtsein beim Sohn und das Hervorgegangensein beim Geist – diese drei Merkmale oder individuellen Besonderheiten spalten das eine göttliche Wesen aber nicht in drei selbständige Subjekte auf.

Das Konzil von Konstantinopel hat sich im Jahre 381 die Lehre der Kappadokier zu eigen gemacht. Zwar sind die Akten dieses Konzils verlorengegangen. Die Forschung aber hat nachweisen können, daß die Konzilsväter von Konstantinopel ein Glaubensbekenntnis kannten, dessen Grundbestand jenem von Nikaia entsprochen haben dürfte. Dieses wurde dann mit den Gedanken der Kappadokier angereichert und von der Gesamtkirche rezipiert. In diesem nizäno-konstantinopolitanischen Bekenntnis wird der Glaube an die Göttlichkeit des Heiligen Geistes ausdrücklich bekannt: »Ich glaube an den Heiligen Geist, den Herrn und Lebensspender, der vom Vater (und vom Sohne[12]) ausgeht. Er wird mit dem Vater und dem Sohne zugleich angebetet und verherrlicht. Er hat gesprochen durch die Propheten« (NR 250).

Mit dem nizäno-konstantinopolitanischen Glaubensbekenntnis, das noch heute in der festtäglichen Eucharistiefeier gebetet wird, hat die *dogmatische* Entwicklung der christlichen Trinitätslehre im wesentlichen ihren Abschluß erreicht. Allerdings wurden immer wieder neue

theologische Erklärungs- und Interpretationsversuche vorgelegt, mit dem Ziel, dieses Dogma zu vertiefen und es so in etwa nachvollziehbar zu machen. Daß sich gerade in dieser Hinsicht nicht unerhebliche Schwierigkeiten ergeben, sei im folgenden an Hand eines einzigen Beispiels verdeutlicht.
Unter Bezugnahme auf die Entscheidungen der früheren Kirchenversammlungen faßte das Zweite Konzil von Konstantinopel die Trinitätslehre in einem feierlichen Entscheid so zusammen:

»Wer nicht bekennt, daß Vater, Sohn und Heiliger Geist *eine Natur oder Wesenheit, eine* Kraft und Gewalt haben; wer nicht bekennt die wesensgleiche Dreifaltigkeit, *eine* Gottheit, die in drei Hypostasen oder Personen angebetet wird, der sei [aus der Kirche] ausgeschlossen. Denn es ist nur *ein* Gott und Vater, aus welchem alles, *ein* Herr Jesus Christus, durch den alles, und *ein* Heiliger Geist, in dem alles ist« (NR 180).

Diese Konzilsaussage läßt sich auf eine Formel zurückführen, welche das durchschnittliche Glaubensbewußtsein bis heute geprägt hat: Es gibt einen Gott in drei Personen. Oder in griechischer Ausdrucksweise (die alten Konzilstexte waren ja in dieser Sprache verfaßt!): Das eine göttliche Wesen lebt in drei »Hypostasen«. Der griechische Begriff *hopóstasis* (= Substanz, Stoff, wahres Wesen) wurde im Lateinischen in der Regel mit *persona* (= Maske, Rolle, Person, Persönlichkeit) oder mit *substantia* (= Wesen) übersetzt. Wenn aber die Griechen vom *Wesen* (z. B. vom Wesen Jesu oder Gottes) sprachen, gebrauchten sie dafür nicht das Wort *hypóstasis,* sondern *ousía*. Allein dieses Beispiel vermag in etwa zu zeigen, welche Verständnisschwierigkeiten zwischen dem lateinischen Westen und dem griechischsprechenden Osten bestanden.
Verständnisschwierigkeiten von weit größerer Tragweite aber ergeben sich, wenn ein Ausdruck einem Bedeutungswandel unterliegt. Eben dies trifft für die Begriffe Hypostase/Person zu. (Daß die beiden Ausdrücke überdies nicht ganz deckungsgleich sind, braucht uns hier nicht weiter zu beschäftigen.)
Wenn wir *heute* den Personbegriff verwenden, meinen wir damit einen Menschen mit einem eigenen Willen, mit Bewußtsein und Selbstbe-

wußtsein, mit Identität und Individualität, mit Verantwortlichkeit ...
Wenn wir nun *diesen* Personbegriff auf die Dreifaltigkeit anwenden wollten, würden wir aus der Trinitätslehre einen Drei-Götter-Glauben machen! Denn in Gott gibt es nur *einen* Willen, *eine* Kraft, *ein* Selbstbewußtsein, *ein* Aktzentrum ... und *insofern* (im Sinne unseres neuzeitlichen Personverständnisses) auch nur *eine* Person.
Letztlich bringt das Trinitätsdogma einen von der Schrift bezeugten Sachverhalt zum Ausdruck, daß nämlich Gott kein in sich ruhender, sondern ein handelnder Gott ist, der dem Menschen in *drei* Gestalten begegnet. Karl Rahner hat das so formuliert:

»Dieser eine und unbegreifliche Gott ist in einer unüberholbaren Weise geschichtlich dem Menschen in Jesus Christus nahe, der nicht irgendein Prophet in einer immer offenen Reihe von Propheten ist, sondern die endgültige und unüberholbare Selbstzusage dieses einen Gottes in der Geschichte. Und dieser eine und selbe Gott teilt sich selber dem Menschen als Heiliger Geist in der innersten Mitte der menschlichen Existenz zu dem Heil und der Vollendung mit, die Gott selbst ist.«[13]

Das alles zeigt: Wenn im Christentum vom *einen* Gott in *drei* »Personen« (das wird hier ausdrücklich in Anführungszeichen gesetzt!) die Rede ist, wird der Personbegriff nicht im eigentlichen Sinne, sondern auf analoge Weise verwendet. Auf die Folgen eines solchen analogen Gebrauchs hat Herbert Vorgrimler in seiner »Theologischen Gotteslehre« aufmerksam gemacht:

»Von da aus erweist sich der Personbegriff in der Trinitätstheologie im Sinn der drei innergöttlichen Relationen als nicht sehr der Klarheit und Verständlichkeit dienend. Nicht bei allen, aber bei vielen Theologen ist die heutige Theologie wieder zu der pessimistischen Auffassung des Augustinus hinsichtlich der Begriffe ›Person‹ und ›Hypostase‹ in der Trinitätslehre zurückgekehrt. Augustinus hatte einmal gesagt, in der Anwendung auf die Dreifaltigkeit beschränke sich der Nutzen dieser Begriffe darauf, daß sie uns erlaubten, überhaupt etwas zu sagen, statt daß wir uns damit begnügen müßten, gar nichts zu sagen, wenn man uns fragt, was ›die Drei‹ seien.«[14]

Damit drückt Augustinus nichts weniger aus, als daß Gott ein absolutes Geheimnis ist – und bleibt. Nach christlichem Verständnis ist seine Unbegreiflichkeit nicht eine Eigenschaft neben anderen, sondern Gottes Wesensmerkmal schlechthin. Gott ist, wie das Erste Vatikanische Konzil lehrt, nicht nur »allmächtig, ewig, unermeßlich, unbegreiflich, an Verstand, Wille und an aller Vollkommenheit unendlich«, sondern auch *»über alles unaussprechlich erhaben, was außer ihm ist und gedacht werden kann«* (NR 315).
Gottes Offenbarung ist demnach nicht dahingehend zu verstehen, als ob der »Vorhang« zwischen ihm und der Menschheit einfach zurückgezogen und Gott in der Art erkannt würde, wie die Geschenke auf dem weihnachtlichen Gabentisch, nachdem man die darübergebreitete Decke entfernt hat. *Der sich mitteilende Gott tritt nicht aus seiner Geheimnishaftigkeit heraus; er enthüllt nicht sein Geheimnis.* Vielmehr offenbart er sich dem Menschen *in seiner Gottheit,* eben als der, der er ist: als der Unbegreifliche und Unvorstellbare, als der Unerklärliche und Unaussprechliche, kurz, als Geheimnis schlechthin.
Der Begriff »Geheimnis« ist in diesem Zusammenhang religiös zu verstehen und nicht umgangssprachlich im Sinne von »Rätsel«. Dieses letztere kann gelöst werden, während das Geheimnis als solches nur erkannt werden kann und letztlich unverfügbar bleibt. So wäre es zum Beispiel denkbar, daß ein Mensch für einen anderen freiwillig in den Tod geht, so wie Pater Maximilian Kolbe im Konzentrationslager Auschwitz für einen Familienvater sein Leben gelassen hat. Nehmen wir einmal an, ein Unbekannter hätte sich zu einem solchen Schritt entschlossen. *Das Rätsel um dessen Identität* könnte grundsätzlich gelöst werden. *Das Geheimnis der Liebe* aber, das einer solchen Tat zugrunde liegt, bleibt bestehen. Gerade dieses Geheimnis jedoch kann einen Menschen zutiefst berühren und betroffen machen.
Ähnlich verhält es sich mit dem Geheimnis Gottes. Gerade die Erfahrung der großen Mystiker zeigt uns: Je mehr sich ein Mensch in dieses Geheimnis versenkt, je stärker er davon berührt wird, um so weniger kann er darüber sagen. Er gerät ins Stammeln, versinkt in wortloses Staunen und in stumme Anbetung.
Und doch wiederum: Ähnlich wie einer, der von Freude oder von Glück erfüllt ist, einfach davon sprechen *muß,* so drängt es auch den Menschen, der vom beseligenden Geheimnis Gottes erfüllt ist, davon zu

reden. Dabei aber ist er, will er das Unsagbare sagen, auf Bilder, Vergleiche oder abstrakte Begriffe angewiesen. Weil aber Gott »über alles *unaussprechlich* erhaben bleibt«, was außer ihm ist und gedacht werden kann, vermag kein Bild seine Größe einzufangen, kein Vergleich seinem Wesen gerecht zu werden und kein Begriff sein Wesen angemessen auszudrücken.

Das bedeutet nun aber keineswegs, daß die christliche Trinitätslehre eine überflüssige Spekulation wäre. Vielmehr ist sie der Versuch, die *Glaubenserfahrung* mit dem trinitarischen Gott begrifflich zu vermitteln und zu diesem Gott hinzuführen. Denn – so Walter Kasper – der Zweck »des trinitarischen Bekenntnisses ist nicht eigentlich eine Lehre über Gott, sondern die Doxologie, die Verherrlichung Gottes«[15]. Wohl am schönsten kommt das in dem feierlichen Lobpreis am Schluß des römischen Hochgebetes zum Ausdruck: »Durch Jesus Christus und mit ihm und in ihm ist dir, Gott, allmächtiger Vater, in der Einheit des Heiligen Geistes alle Herrlichkeit und Ehre jetzt und in Ewigkeit. Amen.«

Nach christlichem Verständnis ist Gott immer größer als alles, was man von ihm denken und sagen kann. Wenn man eine Definition von Gott geben müßte, ließe sich wohl nur sagen: Gott ist der, den man nicht definieren kann. Karl Rahner hat im Rückgriff auf die biblische Tradition von Gott immer wieder als dem heiligen und beseligenden Geheimnis gesprochen, dem der Mensch sich anbetend und staunend überantworten darf. Der Christ vertraut darauf, daß dieses heilige Geheimnis, das er Gott nennt, ihn selbst dann noch trägt, wenn er fällt. Denn letztlich kann er doch wieder nur in dieses Geheimnis hinein fallen.

»Es gibt keinen Gott außer Allāh.«

Nicht nur die Juden und die Christen, sondern auch die Muslime glauben, daß Gott sich den Menschen an verschiedenen Orten, zu verschiedenen Zeiten und auf verschiedene Weise zu erkennen gegeben hat. Die Ansicht, daß Gottes Selbstmitteilung sich nach islamischer Überzeugung auf die Offenbarung des Korans beschränke, ist zwar weit verbreitet, aber deswegen nicht weniger falsch. Denn der Koran selbst weist ausdrücklich und zu wiederholten Malen darauf hin, daß Gott zu den Menschen auch durch Abraham, Mose und Jesus gesprochen habe. Als Propheten sind diese Muḥammads Vorläufer, während die Bibel gewissermaßen einen verstümmelten Entwurf zum Koran darstellt. Einen Entwurf bildet sie deshalb, weil die volle Offenbarung erst im Koran enthalten ist. Verstümmelt ist dieser Entwurf, weil er in vieler Hinsicht dem Koran widerspricht. Nach der Überzeugung der Muslime hat das seinen Grund darin, daß die »Schriftbesitzer« (so bezeichnet der Koran die Juden und die Christen) die ursprüngliche Offenbarung Allāhs verfälscht haben, was für sie schon allein daraus hervorgeht, daß verschiedene Bibel-Versionen existieren.

Die Tatsache, daß zwischen der Bibel und dem Koran mancherlei Zusammenhänge bestehen, findet aus nicht-islamischer Sicht allerdings eine andere Erklärung, nach welcher diese Gemeinsamkeiten das Ergebnis von – direkten und indirekten – Begegnungen sind, welche der Kaufmann Muḥammad auf seinen Geschäftsreisen mit dem Christentum und dem Judentum hatte.

Diese Ansicht allerdings können sich die Muslime nicht zu eigen machen. Für sie ist der Koran das unverfälschte, wahrhaftige *Wort Gottes,* das dieser durch den Engel Gabriel dem Muḥammad übermitteln ließ (42,52). Als ureigenes Wort Allāhs und getreue Abschrift des himmlischen Urbuches (56,77–80) ist der Koran eine nicht mehr hinterfragbare Autorität. Weil er direkt von Gott stammt, erübrigt sich für die Muslime die Frage nach den kulturellen, religiösen und individuellen Denkvoraussetzungen, von denen Muḥammad ausging.

Die Offenbarungen, die der Prophet empfing, erstrecken sich auf einen Zeitraum von über zwanzig Jahren, etwa von 610, als der 40jährige sein Bekehrungserlebnis hatte, bis 632, dem Jahr seines Todes. So erklärt es sich, daß der Koran (arabisch: Qur'ān, von qar'a = lesen, vortragen) keineswegs einheitlich aufgebaut ist. Er enthält Ermahnungen, Predigten, Belehrungen, aber auch Streitreden, Auseinandersetzungen mit Andersgläubigen, ebenso Rechtsverordnungen, Glaubenslehren und Vorschriften zum sittlichen Verhalten. Die einzelnen Kapitel (Suren) wurden erst nach dem Tod des Propheten gesammelt und zu einem Ganzen zusammengestellt.

Neben dem Koran bildet die *Sunna* (= Brauch, Gewohnheit) die zweite

Hauptquelle der islamischen Religion. Gemeint ist die Überlieferung, die praktisch eine Art Kommentar zum Koran darstellt. Die literarischen Wurzeln der Sunna sind die *Ḥadīthe* (Einzahl: Ḥadīt = Bericht): Äußerungen, Verordnungen und Verhaltensweisen des Propheten, die nach seinem Tod zu Traditionssammlungen zusammengestellt wurden.

Auf dem Koran und der Sunna beruht der ganze Glaube der Muslime und damit auch das Bekenntnis zum einen und einzigen Gott: »Lā ilāha illā'llāh – es gibt keinen Gott außer Gott«, lautet die Ur- oder Grundformel des Glaubens.

Daß und weshalb die islamische Gottesvorstellung vom Judentum und vom Christentum nicht unbeeinflußt geblieben ist, konnten wir bereits feststellen. Mitgeprägt ist sie aber auch von altarabischen Elementen. Bekanntlich ist Muḥammad, der von 570–632 lebte, erst im Jahre 622 von Mekka nach Yathrib, dem späteren Medina, ausgewandert. Mit dieser Emigration, der Hidjra (sprich: Hidschra), beginnt übrigens die islamische Zeitrechnung. Den weitaus größten Teil seines Lebens aber verbrachte der Prophet in Mekka, wo sich das Hauptheiligtum der arabischen Stämme, die Ka'aba mit dem eingemauerten schwarzen Stein, befand. Dort wurde als höchste (nicht: einzige!) Gottheit Allāh verehrt – wobei Allāh nichts anderes bedeutet als: Gott.

Schon vor Muḥammad gab es in Mekka Einsiedler und Gottsucher, welche dem herrschenden Vielgötterglauben skeptisch und oft ablehnend gegenüberstanden. Ob und in welchem Ausmaße Muḥammads Gottsuche davon beeinflußt wurde, wissen wir nicht. Sicher aber ist, daß die Lehre von Allāh als dem einen und einzigen Gott einerseits auf arabischem Glaubensgut beruht, das von polytheistischen Elementen gereinigt wurde, anderseits aber auch auf Inhalten, welche im Judentum und im Christentum als Offenbarungswahrheiten gelten.

Die Grundlage des Islams ist der Monotheismus. Das Bekenntnis zum einen und einzigen Gott drückt die 112. Sure auf prägnante Weise aus. Für die Muslime stellt sie eine Art Kurzform ihres Credos dar: »Sprich: Allāh ist der alleinige, einzige und ewige Gott [der Unwandelbare]. Er zeugt nicht und ist nicht gezeugt, und kein Wesen ist ihm gleich.«

Der Christ wird hier möglicherweise eine Polemik gegen das »gezeugt, nicht geschaffen« in seinem Glaubensbekenntnis heraushören. Da aber diese Sure noch in Mekka entstanden sein dürfte, richtet sie sich wahrscheinlich eher gegen den dortigen Polytheismus, nach welchem Allāh als Vater mehrerer Töchter galt. Dagegen lehrt der Koran, daß Allāh »kein Weib genommen und auch keine Kinder gezeugt« hat (72,3; vgl. 2,116). Nicht durch Zeugung nach Menschenart, sondern durch sein schöpferisches Wort schafft Gott Leben (2,117). Allāh genügt sich selbst; Götzen sind die ihm von den Menschen beigesellten Götter (27,59). Gottes Größe allein schon spricht gegen die Existenz anderer Götter:

»Wer hat die Himmel und die Erde geschaffen und läßt euch Wasser vom Himmel herabfallen? Wir [Allāh] lassen durch dasselbe die herrlichen Lustgärten hervorwachsen; ihr aber vermöchtet es nicht, deren Bäume nur sprießen zu lassen. Gibt es wohl noch einen Gott neben Allāh? Und dennoch setzen Menschen ihm andere Wesen zur Seite. Wer hat die Erde befestigt und durch deren Mitte Ströme fließen lassen? Wer hat unbewegliche Berge auf ihr errichtet und eine Scheidewand zwischen die beiden Gewässer [Süß- und Salzwasser] gesetzt? Gibt es wohl noch einen Gott neben Allāh? Doch die meisten erkennen dies nicht. Wer hört den Bedrängten, wenn er ihn anruft, und befreit ihn von der Bedrängnis? Und wer hat euch zu Nachfolgern eurer Vorfahren auf die Erde gesetzt? Gibt es wohl noch einen Gott neben Allāh? Doch wie wenige beherzigen es! Wer leitet euch in Finsternis auf den Pfaden der Erde und des Meeres? Wer sendet die Winde als Verkünder seiner Barmherzigkeit? Gibt es wohl noch einen Gott neben Allāh? Weit erhaben ist Allāh über das, was sie ihm zur Seite setzen. Wer bringt ein Geschöpf hervor, und wer läßt es, nach seinem Tode, zu neuem Leben wiedererstehen? Und wer gibt euch Nahrung vom Himmel und von der Erde? Gibt es nun wohl noch einen Gott neben Allāh?« (27,60–64).

Ähnlich wie das Neue Testament die Lästerung gegen den Heiligen Geist als unvergebbare Sünde qualifiziert (Mk 3,28 f.), kann nach dem Koran ein Götzenverehrer keine Verzeihung finden: »Wer irgendein Geschöpf Allāh zur Seite setzt, dem verzeiht Allāh nicht; andere Sünden aber außer dieser verzeiht er wohl, wem er will; denn wer ein Geschöpf Allāh zur Seite setzt, der hat eine schwere Sünde ersonnen« (4,48.116).

Ausdrücklich verurteilen die Muslime die Christen, welche ihrer Ansicht nach dem Polytheismus huldigen. Wie wir schon im Zusammenhang mit dem Jesusbild des Islams sehen konnten, wird das christliche Trinitätsdogma im Koran als Drei-Götter-Glaube verstanden. Aber selbst wenn die Dreifaltigkeit nicht als Tritheismus interpretiert würde, müßte der Islam diese christliche Glaubenslehre ablehnen. Denn Gott ist ja nicht nur »einzig«; er ist auch »all-eins« (112,1). Während die Einzigkeit Gottes Wesen nach außen hin beschreibt, betrifft die Einheit sein inneres Leben: »Gott ist nicht nur sozusagen nach außen hin der Einzige, er ist auch im Inneren der Eine, dessen Wesen sich nicht in mehrere Eigenschaften aufspaltet. Denn die innere Vervielfältigung des Wesens Gottes würde unweigerlich zur äußeren Vervielfältigung der Gottheit selbst, d. h. zum Polytheismus führen.«[16] Gerade was die Einheit in Gott betrifft, haben innerhalb der islamischen Theologie lange und heftige Auseinandersetzungen stattgefunden, auf die wir hier nur kurz eingehen können[17].

Übereinstimmung zwischen den verschiedenen Bewegungen herrschte stets bezüglich der »abstrakten« Eigenschaften Gottes: er ist unendlich, ewig, verschieden von den Geschöpfen ... Daneben nennt der Koran aber auch »positive«, »menschliche« Eigenschaften, die das Wesen Gottes betreffen. Die Tradition hat aus dem Koran die 99 »herrlichsten Namen« (7,18 u. ö.) Allāhs zusammengestellt[18]: Gott ist barmherzig, gerecht, mächtig; er ist der Höchste, der Schöpfer aller Dinge, der alles Ernährende, der Richter ... Weil manche muslimischen Theologen befürchteten, durch die Nennung dieser Eigenschaften und Funktionen Allāhs dessen inneres Wesen aufzuspalten, lehnten sie den Gebrauch dieser Gottesprädikate ab. Andere wiederum verwiesen darauf, daß diese dem Koran selbst entnommen seien. Außerdem würden diese Eigenschaften ja nicht Gottes inneres Wesen *konstituieren*, sondern dieses Wesen bloß *näher bestimmen*. Die Gottesfrage hat also nicht nur die jüdischen (Schechina!) und christlichen (Trinität!), sondern auch die islamischen Theologen vor höchst subtile Probleme gestellt ...

Letztlich geht es in dieser ganzen Diskussion aber um nichts Geringeres, als um die absolute Verschiedenheit Gottes von seiner Schöpfung und damit um das Mysterium seiner Transzendenz. Wie das Judentum und das Christentum betont auch der Islam, daß Gott sich in seiner Offenbarung als *das Geheimnis schlechthin* enthüllt. Deshalb ist er »der

Sichtbare und Verborgene« (57,3); deshalb bleibt er der »Unvergleichliche« (42,11); deshalb schließlich kann ihn, den »Unerforschlichen, kein Auge erfassen« (6,103).
Stets bemühte sich die islamische Theologie, Gottes Transzendenz zu wahren. Gottes innerstes Wesen kann vom Menschen nie und nimmer erkannt und begriffen werden. Der Mensch »weiß« von Gott nur, was dieser ihm von sich sagen wollte, wobei nach der Überzeugung vieler islamischer Theologen auch die im Koran enthaltene Offenbarung an Gottes Transzendenz teilhat, insofern die Sprache die Wirklichkeit Gottes nie adäquat auszudrücken vermag.
Wenn im folgenden kurz einige weitere Aspekte der islamischen Gotteslehre erörtert werden, ist dieser Sachverhalt stets mitzubedenken.
(1) Häufig spricht der Koran von Gott als dem *Schöpfer.* Alles – Welt und Mensch, Tiere und Pflanzen, Erde und Himmel – verdankt ihm seine Existenz. Aus einer festen Masse hat Gott Himmel und Erde gebildet und durch das Wasser allen Dingen Leben gegeben (21,30). Manche Aussagen erinnern, zumindest entfernt, an die biblische Schöpfungserzählung:

»Sprich: Glaubt ihr nicht an den, der die Erde in zwei Tagen erschuf? Wollt ihr ihm wohl Ebenbilder zur Seite setzen? Nur er ist der Herr aller Weltenbewohner. Er hat feste Berge in die Erde eingesetzt, welche sich über dieselbe hoch erheben, und er hat sie gesegnet, und er legte in sie in vier gleichen Tagen die Nahrung für alle Wesen, welche danach verlangen. Dann wandte er sich zum Himmel hin, welcher noch Rauch [dampfender Nebel] war, und sagte zu ihm und der Erde: Kommt freiwillig oder wider euren Willen. Sie antworteten: Wir kommen in freiwilligem Gehorsam. Und er bildete sie in zwei Tagen zu sieben Himmeln und teilte jedem Himmel seine Aufgabe zu, und wir schmückten den untersten Himmel mit Leuchten aus und stellten eine Wache hin« (21,9–12).
»Den Menschen schufen wir aus trockenem Lehm und schwarz geformtem Schlamm und vor ihm die Dämonen aus dem Feuer des Samums [gemeint ist der im Orient häufige, alles verzehrende Giftwind]. Und dein Herr sagte zu den Engeln: Ich will den Menschen aus trockenem Lehm und schwarzem Schlamm schaffen; wenn ich ihn vollkommen

gestaltet und ihm meinen Geist eingehaucht habe, dann fallt ehrfurchtsvoll vor ihm nieder« (15,26–29).
»Er [Allāh] hat in Wahrheit die Himmel und die Erde geschaffen, und er überdeckt den Tag durch die Nacht [überschattend] und läßt den Tag [erhellend] auf die Nacht folgen, und er zwingt Sonne und Mond zu ihrem Dienst, ihren bestimmten Kreislauf zu durcheilen. Ist er nicht der Allmächtige und Allgewaltige? Er hat euch von einem einzigen Menschen entstehen lassen und aus diesem dessen Weib« (39,5–6).

Zu wiederholten Malen betont der Koran, daß Gottes Wort eine schöpferische Kraft besitzt: »Wenn er etwas beschließt, so spricht er nur ›Es werde!‹ – und es ist« (2,117).
In geradezu rührender Weise haben die alten türkischen und persischen Miniaturmaler die hohe Achtung der Muslime vor Gottes Schöpfung zum Ausdruck gebracht. Um zu zeigen, daß sie weit davon entfernt waren, Gottes Werk übertreffen zu wollen, versahen sie ihre Darstellungen häufig mit einem störenden oder entstellenden Detail.
(2) Insofern Gott als Schöpfer immer und überall wirkt, ist er der *Erhalter* der Welt und der Menschen, dessen Vorsehung alle und alles umgreift. Allāhs Schöpfertätigkeit beschränkt sich nämlich keineswegs auf den Anfang. Vielmehr übt er seine Wirk-Kraft ununterbrochen aus. Deshalb werden auch die Handlungen des Menschen manchmal ohne weiteres Gott zugeschrieben. So kann es geschehen, daß der Muslim auch in natürlichen Entwicklungsvorgängen, wie etwa in der menschlichen Fortpflanzung, eine Schöpfertat Gottes sieht:

»Wir [Allāh] erschufen einst den Menschen aus reinstem Lehm; dann machten wir ihm aus Samentropfen einen sicheren Aufenthaltsort [im Mutterleib]; dann machten wir den Samen zu geronnenem Blut [zu einer Blutmasse], und das geronnene Blut bildeten wir zu einem Stück Fleisch und dieses Fleisch wieder zu Knochen, und diese Knochen bedeckten wir wieder mit Fleisch, woraus wir dann ein neues Geschöpf [den vollendeten Menschen, der aus Leib und Seele besteht] erstehen ließen. Lob sei darum Allāh, dem herrlichsten Schöpfer« (23,12–14)!

Die in der Schöpfung wirkenden Zweitursachen werden damit nicht ausgeklammert, wohl aber ausdrücklich auf Gott als Erstursache zurückgeführt. Eine pointierte Unterscheidung zwischen Erst- und Zweitursache, wie sie das westliche Denken kennt, ist jedoch für den Muslim nichts weiter als eine optische Täuschung. Denn *praktisch* stellt sich das Problem einfach nicht. Gottes Handeln kann nicht von irgendwelchen innerweltlichen Kausalzusammenhängen begrenzt werden. »So wie sich Gott um den Menschen in jedem Augenblick sorgt, hält er auch die Natur in seiner Hand, und zwar nicht nur nach Art des ›Bildners‹ [. . .]; die Welt ist kein Uhrwerk und sie läuft auch nicht ab nach ihren eigenen Gesetzen, sondern Gott bestimmt jedes Geschehen in jedem Augenblick selber.«[19] Entgegen allem Anschein ist damit keineswegs ein Konflikt zwischen Glaube und Wissen vorprogrammiert. Denn auch das islamische Denken kennt *der Sache nach* so etwas wie Naturgesetze, insofern Gott »nicht unbedingt kapriziös« ist, sondern »seine Usancen hat, und auf diese Usancen kann man sich im Grunde verlassen. Einem Naturwissenschaftler reicht eine solche Konvention; er weiß ohnehin, daß Naturgesetze nichts anderes sind als Induktionsschlüsse, die wir *bis auf weiteres* für gegeben annehmen.«[20]

(3) Mit seinem Schöpfer-Wort schafft Gott Leben. Aber dieser Gott hat nicht nur das erste, sondern auch das letzte Wort – als »der weiseste und gerechteste *Richter*« (95,8).

Mit bemerkenswerter Ausführlichkeit beschreibt der Koran das endzeitliche Geschehen, insbesondere das Endgericht.

Obwohl der Koran das Gericht als grauenvolles und schreckliches Ereignis schildert, braucht sich der Fromme davor nicht zu fürchten; denn »Allāh beschützt die Gläubigen« (3,68). In diesem Zusammenhang ist darauf hinzuweisen, daß der Glaube an Gottes Barmherzigkeit sozusagen das Leitmotiv und damit *das* Interpretationskriterium des Korans darstellt. Alle Suren (mit Ausnahme der neunten) beginnen mit der Einleitungsformel »Im Namen Allāhs, des Allbarmherzigen«. Die Bezeichnung ar-Ramān, der Erbarmer, ist so sehr mit Allāh verbunden, daß es sich eher um ein Synonym als um ein Attribut handelt.

Der Glaube an den einen Gott bildet die Mitte des Islams. Aufs engste damit verbunden ist die hingebungsvolle Unterordnung unter seinen Willen. Das besagt übrigens schon der Begriff *Islam* selbst, der Hingabe, Friedenssuche oder Errettung bedeutet und in der theologischen Fachsprache *als Hingabe an Gott* verstanden wird.

Konkret findet diese Hingabe in der Erfüllung der vom Koran vorgeschriebenen fünf Grundpflichten ihren Ausdruck, die auch als die »Säulen des Islams« bezeichnet werden.
Die erste Säule ist das *Glaubensbekenntnis:* »Es gibt keinen Gott außer Gott, und Muḥammad ist der Gesandte Gottes.« Ausführlicher wird dieses Bekenntnis in der ersten Sure des Korans ausgesprochen, welche gleichzeitig *das* Kurzgebet der Muslime bildet (und insofern für sie eine ähnliche Bedeutung hat wie für die Christen das Vaterunser):

»Lob und Preis sei Allāh, dem Herrn aller Weltenbewohner, dem gnädigen Allerbarmer, der am Tage des Gerichtes herrscht. Dir allein wollen wir dienen, und zu dir allein flehen wir um Beistand. Führe uns den rechten Weg, den Weg derer, welche sich deiner Gnade freuen – und nicht den Pfad jener, über die du zürnst oder die in die Irre gehen« (1,1–6)!

Eine zweite Grundpflicht für die Gläubigen ist das *Gebet,* das fünfmal täglich in Richtung Mekka zu verrichten ist: mittags, nachmittags, abends, in der Nacht und vor Sonnenaufgang. Am Freitag sprechen die Muslime das Gebet gemeinsam in der Moschee unter der Leitung eines Vorbeters (Imām). Beim privaten wie beim öffentlichen Gebet wird der Gehorsam gegenüber Gott mit Verbeugungen, Hinknien und durch die Berührung des Erdbodens mit dem Kopf zum Ausdruck gebracht.
Die dritte Hauptstütze des Islams besteht im *Fasten* während des Mondmonats Ramaḍān. Da die Monate sich entsprechend dem Mondkalender verschieben, fällt der Ramaḍān nicht immer in die gleiche Jahreszeit, so daß die Enthaltung von Speise und Trank vom Tagesanbruch bis zum Abend oft mit sehr erheblichen Opfern verbunden ist.
Der vierte Pfeiler ist das *Almosengeben* (Zakāt) oder, wie man sachgemäßer sagen müßte, die Sozialsteuer. Aus der Sicht des Gläubigen handelt es sich dabei nicht so sehr um eine Abgabe, als um ein Darlehen, das Allāh reichlich rückerstatten wird.
Die letzte Stütze des Islams schließlich ist die *Pilgerfahrt nach Mekka* (ḥadjj; sprich: hadsch), die jeder Muslim wenigstens einmal im Leben unternehmen muß, sofern er dazu in der Lage ist.
Natürlich kennt der Islam noch eine ganze Menge anderer religiöser Vorschriften, die das soziale und private Leben der Muslime und damit

ihre Beziehung zu Gott prägen. Da der Koran im Zusammenhang mit der Beobachtung (beziehungsweise Nichtbeobachtung) dieser Vorschriften häufig von Lohn und Strafe spricht, mag leicht der Eindruck entstehen, daß der Islam eine ausgesprochene Gebots-Verbots-Religion sei. Obwohl diese Auffassung im durchschnittlichen islamischen Denken und – besonders – bei Andersgläubigen recht verbreitet ist, trifft sie nicht zu. Vielmehr werden hier Ursache und Wirkung verwechselt. *Weil* der Gläubige Gott als den Einen und Einzigen anerkennt, drückt er diese Anerkennung im hingebungsvollen Gehorsam aus. Der Lohn ist nicht der Grund, sondern die Folge seines Glaubens.
In einem Gebet der islamischen Mystikerin Rabi'a al-Adawiya (um 717–801) tritt das in ergreifender Klarheit hervor:

»O mein Herr,
wenn ich zu dir bete
aus Furcht vor der Hölle,
so verbanne mich in die Hölle.

Wenn ich zu dir bete
aus Hoffnung auf das Paradies,
so schließe mich aus von ihm.

Wenn ich aber bete zu dir
um deinetwillen,
so entziehe mir nichts
von deiner ewigen Schönheit.«[21]

6 Sind die Religionen Wege zum Heil?

Wenn von Religion die Rede ist, denken die meisten Menschen wahrscheinlich an religiöse Veranstaltungen, an religiös geprägte Feste und Zeiten, an religiöse Verpflichtungen und Institutionen. Eine Religion beruht dann vorwiegend auf gemeinsamen Überzeugungen, Riten und Einrichtungen, mittels derer einzelne Menschengruppen ihren Standort in der Welt bestimmen und ihren Hoffnungen und Erwartungen Ausdruck verleihen. Das ist gewiß eine recht brauchbare Beschreibung dessen, was wir in unserer Alltagssprache Religion nennen. Religion erscheint so vorwiegend als eine *soziale Größe*.

Allerdings ist damit das Wesen der Religion noch nicht hinreichend erfaßt, insofern ihre Grundlage, nämlich der *Transzendenzbezug,* außer acht gelassen wird. Darauf verweist die Beschreibung eines Thomas von Aquin: »Religion ist, was Gott die geschuldete Verehrung verschafft. Zweierlei wird also bei der Religion bedacht: Einmal das, was sie Gott darbringt, nämlich Verehrung, zum anderen aber, wem es verschafft wird, nämlich Gott.«[1] Und noch prägnanter an anderer Stelle: »Religion im eigentlichen Sinne ist die Beziehung zu Gott.«[2]

Des Begriffs der Relation bedient sich auch Paul Tillich in seiner bekannten Umschreibung, nach welcher Religion die Beziehung zu dem ist, »was uns unbedingt angeht«[3]. Dem ist allerdings hinzuzufügen, daß nur dann von Religion die Rede sein kann, wenn die Beziehung zu dem, was uns unbedingt angeht, positiv bestimmt ist. Ein Gotteslästerer hat in der Regel nicht die Absicht, sich religiös zu betätigen. Ähnliches gilt für einen Menschen, der Gott durch Götzen ersetzt. Mit dieser Möglichkeit rechnet auch Paul Tillich: »Gott [. . .] ist der Name für das, was den Menschen unbedingt angeht. Das heißt nicht, daß es zunächst ein Wesen gibt, das Gott genannt wird, und dann die Forderung, daß es den Menschen unbedingt angehen soll. Es heißt, daß das, was einen Menschen unbedingt angeht, für ihn zum Gott (oder Götzen) wird, und es heißt, daß nur das ihn unbedingt angehen kann, was für ihn Gott (oder Götze) ist.«[4] Von Religion im theologischen Sinn kann nur dann die Rede sein, wenn die Beziehung zu Gott (zum Heiligen, zu einem absoluten Sinngrund ...) sich positiv ausdrückt. Das bedeutet, »daß ihr Charakter als *erlösende* (erlösungssuchende und erlösungsempfindende) Beziehung«[5] bestimmt werden muß, welche dem Menschen Heil verschafft.

Außerhalb der Kirche kein Heil?

Alles Heil kommt von Gott. Diese Überzeugung ist den drei großen monotheistischen Religionen gemeinsam. Gemeinsam ist ihnen auch das Wissen um die Erlösungsbedürftigkeit des Menschen und die Überzeugung, daß dieser frei ist, das von Gott geschenkte Heil anzunehmen oder zurückzuweisen.
Das Judentum, das Christentum und der Islam verstehen sich als Heilswege. Insofern es sich ihrem jeweiligen Selbstverständnis nach um *Welt*religionen handelt, erheben sie alle – zumindest implizit – einen Absolutheitsanspruch. Am nachdrücklichsten hat das Christentum (und, nachdem es zu Spaltungen gekommen war, die katholische Kirche) auf diesem Absolutheitsanspruch beharrt. Denn dieses verstand sich nicht nur als die vollkommenste Religion, sondern auch als die einzig wahre und damit für alle Menschen verbindliche und als der einzig richtige Weg zum endgültigen Heil:
»Die heilige Römische Kirche [...] glaubt fest, bekennt und verkündet, daß niemand außerhalb der katholischen Kirche, weder Heide noch Jude noch Ungläubiger oder ein von der Einheit Getrennter des ewigen Lebens teilhaftig wird, vielmehr dem ewigen Feuer verfällt, das dem Teufel und seinen Engeln bereitet ist, wenn er sich nicht vor dem Tod ihr anschließt (vgl. Mt. 25,41)« (DS 1351).
Diese Aussage, nach welcher einzig die Mitglieder der römisch-katholischen Kirche das endgültige Heil erlangen können, machte das Konzil von Florenz im Jahre 1442.
Eine nicht weniger eindeutige Lehräußerung hinsichtlich der Heilsmöglichkeit der Menschen findet sich in der »Dogmatischen Konstitution über die Kirche« (Nr. 16) des Zweiten Vatikanischen Konzils:

»Diejenigen endlich, die das Evangelium noch nicht empfangen haben, sind auf das Gottesvolk [gemeint ist die katholische Kirche] auf verschiedene Weise hingeordnet. In erster Linie jenes Volk, dem der Bund und die Verheißungen gegeben worden sind und aus dem Christus dem Fleische nach geboren ist (vgl. Röm 9,4–5), dieses seiner Erwählung nach um der Väter willen so teure Volk: die Gaben und Berufung Gottes nämlich sind ohne Reue (vgl. Röm 11,28–29). Der Heilswille umfaßt aber auch die, welche den Schöpfer anerkennen, unter ihnen besonders die Muslime, die sich zum Glauben Abrahams bekennen und mit uns den einen Gott anbeten, den barmherzigen, der die Menschen am Jüngsten Tag richten wird. Aber auch den anderen, die in Schatten und Bildern den unbekannten Gott suchen, auch solchen ist Gott nicht ferne, da er allen Leben und Atem und alles gibt (vgl. Apg 17,25–28) und als Erlöser will, daß alle Menschen gerettet werden (vgl. 1 Tim 2,4). Wer nämlich das Evangelium Christi und seine Kirche ohne Schuld nicht kennt, Gott aber aus ehrlichem Herzen sucht, seinen im Anruf des Gewissens erkannten Willen unter dem Einfluß der Gnade in der Tat zu erfüllen trachtet, kann das ewige Heil erlangen. Die göttliche Vorsehung verweigert auch denen das zum Heil Notwendige nicht, die ohne Schuld noch nicht zur ausdrücklichen Anerkennung Gottes gekommen sind, jedoch, nicht ohne die göttliche Gnade, ein rechtes Leben zu führen sich bemühen. Was sich nämlich an Gutem und Wahrem bei ihnen findet, wird von der Kirche als Vorbereitung für die Frohbotschaft und als Gabe dessen geschätzt, der jeden Menschen erleuchtet, damit er schließlich das Leben habe.«

Ihrem Wortlaut nach steht diese Lehräußerung des Zweiten Vatikanischen Konzils in direktem Widerspruch zur Konzilserklärung von Florenz. Während dieses ausdrücklich betont, daß niemand außerhalb der katholischen Kirche das ewige Heil erlangen könne, unterstreicht das Zweite Vaticanum nicht weniger ausdrücklich, daß nicht nur Heiden, Juden und Muslime, sondern auch die Anhänger anderer Religionen, ja sogar Atheisten (»jene, die ohne Schuld noch nicht zur ausdrücklichen Anerkennung Gottes gekommen sind«) vom Heil keineswegs ausgeschlossen sind.

Die Spannung, die in diesen beiden Konzilsaussagen sichtbar wird, ist schon in der Heiligen Schrift grundgelegt.

Tatsächlich vermitteln zahlreiche Bibelstellen den Eindruck, daß

Glaube und Taufe und damit die Zugehörigkeit zur Kirche unabdingbare Voraussetzungen zur Erlangung des Heils darstellen. Eine geradezu klassische Aussage für diese Auffassung findet sich im Hebräerbrief: »Ohne Glauben aber ist es unmöglich Gott zu gefallen; denn wer zu Gott kommen will, muß glauben« (Hebr 11,6). Glaube aber meint dem neutestamentlichen Verständnis zufolge Glaube an Jesus Christus (vgl. Röm 10,9f; Apg 4,11f). Nach dem Johannesevangelium ist neben dem Glauben auch die Taufe eine notwendige Voraussetzung für den Eintritt ins Gottesreich (vgl. Joh 3,5). Eindeutig scheint auch die Aufforderung des Auferstandenen im Markusevangelium: »Wer glaubt und sich taufen läßt, wird gerettet; wer aber nicht glaubt, wird verdammt werden« (Mk 16,16).

Die Frage ist allerdings, *wem diese Äußerungen gelten*. Gerade der Markus-Schluß zeigt, daß das Heil nicht in absoluter Weise an den Glauben an Jesus Christus und an die Taufe gebunden ist; die Äußerung bezieht sich nämlich, wie aus dem vorausgehenden Vers unmißverständlich hervorgeht, *auf jene, denen die Frohbotschaft verkündet wird:* »Geht hinaus in die ganze Welt und verkündet das Evangelium allen Geschöpfen« (Mk 16,15)! Der folgende Satz von der Verwerfung der Ungläubigen kann demnach nur für jene Gültigkeit haben, welche Jesus und seine Botschaft ablehnen. Unnötig zu betonen, daß der Evangelist hier stillschweigend eine Ablehnung wider besseres Wissen voraussetzt. Eine psychologische Betrachtung über subjektiv entschuldbare Beweggründe für eine solche Verwerfung liegt außerhalb seines Horizonts. Gleiches gilt bezüglich der anderen erwähnten neutestamentlichen Stellen. Wenn vom Glauben (und von der Taufe) als einer zum Heil notwendigen Bedingung die Rede ist, so sind damit stets jene Menschen gemeint, die bereits Kunde erhalten haben von Jesus (vgl. Röm 10,14f.).

Deshalb verwundert es in keiner Weise, daß sich auch zahlreiche Äußerungen im Neuen Testament finden, welche den umfassenden Heilswillen Gottes betonen (vgl. Tit 2,11; 3,4–6; 1 Tim 2,4). Denn wenn Gott »der Retter *aller* Menschen ist« (1 Tim 4,10), kann das Heil keinesfalls *ausschließlich* von der Glaubensantwort auf die kirchliche Verkündigung, die ja nie alle erreicht, abhängig sein.

Daß das Heil nicht in jedem Fall an ein *ausdrückliches* Bekenntnis zu Jesus als dem Christus gebunden ist, illustriert das Neue Testament anhand mehrerer theologischer Entwürfe, in denen jeweils zwei Dinge sorgfältig voneinander unterschieden werden: die Tatsache, *daß das Heil der Welt an das Erlösungswerk Jesu gebunden ist,* und *daß die Früchte dieses Erlösungswerkes auch jenen zugute kommen können, welche Jesus Christus nicht (oder noch nicht) als Erlöser kennengelernt haben*[6].

Kein Heil außerhalb der Kirche – diese Auffassung des Konzils von Florenz wird in etwa verständlich, wenn man die Bedingungen und Voraussetzungen mitbedenkt, unter denen sie zustande kam. In einer Zeit, in der die Kirche ausdehnungsmäßig mit der damals bekannten Welt ineins fiel (Amerika wurde erst ein halbes Jahrhundert nach dem Konzil von Florenz entdeckt!), konnte man voraussetzen, daß das Evangelium überall verbreitet sei. Schon Thomas von Aquin war der Überzeugung, daß die Häretiker und Ungläubigen (= Muslime) hinreichend Gelegenheit hätten, den christlichen Glauben kennenzulernen[7]. Nimmt man darüber hinaus noch an, daß die Wahrheit des Evangeliums aus sich heraus einleuchte und eine Ablehnung deshalb nur die Folge einer verwerflichen Einstellung sei, *dann* kann man wohl behaupten, daß außerhalb der Kirche kein Heil sei.

Daß sich aber die Heilsfrage nicht einfach auf die Alternative innerhalb oder außerhalb der Kirche reduzieren läßt, hat man später, allerdings in einem anderen Zusammenhang, erkannt. So verurteilte Papst Clemens XI. im Jahre 1713 eine Reihe von Irrtümern des französischen Theologen Pasquier Quesnel (1643–1719), die sich in dessen Hauptwerk »Reflexions morales sur les Evangiles« (1672) fanden, darunter auch den Satz: »Außerhalb der Kirche wird keine Gnade gewährt« (DS 2429). Nun sind Gnade und Heil aber korrespondierende Begriffe. Angesichts dieser Tatsache bemerkt Walter Kern: »Man darf also einerseits nicht sagen: ›Extra Ecclesiam nulla gratia‹ (Außerhalb der Kirche keine Gnade), anderseits lautet das alte Axiom fast gleich: ›Extra Ecclesiam nulla salus‹ (Außerhalb der Kirche gibt es kein Heil). Das scheint nun doch ein Paradebeispiel dafür, daß es eine Ergänzungsbedürftigkeit – um nicht zu sagen Widersprüchlichkeit lehramtlicher Aussagen gibt, die eben nur in dieser gegensätzlich scheinenden Komplexität wirklich gelten[8]. Eine theologische Bewältigung dieser Spannung hat Pius XII. in seiner Kirchenenzyklika »Mystici corporis« im Jahre 1943 versucht. Der Satz, nach welchem es außerhalb der

Kirche kein Heil gibt, wird zwar noch immer aufrecht erhalten, wobei man aber gleichzeitig den Kirchenbegriff sehr viel weiter faßt, als das bisher der Fall war. Neben der ausdrücklichen Kirchengliedschaft kennt die Enzyklika so etwas wie eine ›uneigentliche‹ oder ›latente‹ Zugehörigkeit zur Kirche, im Sinn einer Hinordnung auf sie. Unter diese Kategorie fallen dann alle jene Menschen, welche sich ehrlich bemühen, ihrem Gewissen zu folgen und ein rechtes Leben zu führen. Auf diese Weise sind sie »in einer Art unbewußten Verlangens und Wunsches hingeordnet« auf die Kirche (DS 3821). Damit wird der Begriff Kirche derart ausgeweitet, daß er praktisch alle Menschen ›guten Willens‹ einschließt. Denn wer immer die Wahrheit sucht, diese aber aus irgendwelchen Gründen nicht zu erkennen vermag, hat natürlich das Verlangen nach der wahren Kirche und damit den unbewußten Wunsch, ihr anzugehören. Und insofern er dieses unbewußte Verlangen hegt, gehört er ja bereits zur Kirche, nur weiß er das selber nicht. Die Frage nach dem Heilswert der nichtchristlichen Religionen wird auf diese Weise einfach umgangen.

Offenbarung in den Religionen

Wenn die Gnade, die in ursächlicher Weise auf das Heil bezogen ist, auch außerhalb der Kirche wirkt – was bedeutet das dann bezüglich der Religionen?

Nach der Lehre des Thomas von Aquin sind die religiösen Praktiken der Heiden »von keinerlei Wahrheit oder Nutzen«[9]. Unter ›Heiden‹ versteht Thomas die gläubigen Anhänger nichtchristlicher Religionen, ausgenommen die Juden[10].

Das Zweite Vatikanische Konzil hingegen stellt in seiner »Erklärung über das Verhältnis der Kirche zu den nichtchristlichen Religionen« unbefangen fest, daß es auch im Hinduismus und Buddhismus »Wahres und Heiliges« gibt (Nr. 2) und spricht »mit Hochachtung« vom Islam (Nr. 3). Ist dieses Wahre und Heilige, von dem hier die Rede ist, einfach nur das Ergebnis menschlicher Denkbemühungen? Oder wäre es denkbar, daß auch die nichtchristlichen Religionen, insofern sie »Wahres und Heiliges« enthalten auf einer (noch näher zu umschreibenden) Offenbarung beruhen? Für die jüdische Religion steht das vom christlichen Gesichtspunkt aus außer Zweifel (weshalb sie Thomas gegen die heidnischen Religionen abgrenzt). Ausdrücklich ruft die erwähnte Konzilserklärung »das Christen und Juden gemeinsame geistliche Erbe« in Erinnerung (Nr. 4). Ähnliches gilt vom Islam in dem Maße, als er auf die alt- und neutestamentliche Offenbarung zurückgreift.

Wie verhält es sich aber mit den anderen Religionen? Im »Dekret über die Missionstätigkeit der Kirche« betont das Konzil unter Berufung auf 1 Tim 2,4–6, daß Gott will, daß alle Menschen zur Erkenntnis der Wahrheit gelangen:

»So ist es nötig, daß sich alle zu ihm [Jesus Christus], der durch die Verkündigung der Kirche erkannt wird, bekehren sowie ihm und seinem Leib, der Kirche, durch die Taufe eingegliedert werden. Christus selbst hat nämlich mit ausdrücklichen Worten die Notwendigkeit des Glaubens und der Taufe betont (vgl. Mk 16,16; Joh 3,5) und damit zugleich die Notwendigkeit der Kirche, in die die Menschen durch die Taufe wie durch eine Tür eintreten, bekräftigt. Darum könnten jene Menschen nicht gerettet werden, die um die katholische Kirche und ihre von Gott durch Christus gestiftete Heilsnotwendigkeit wissen, in sie aber nicht eintreten oder in ihr nicht ausharren wollten (vgl. II. Vat. Konzil, Dogm. Konstitution über die Kirche Lumen Gentium, Nr. 14). Wenngleich Gott Menschen, die das Evangelium ohne ihre Schuld nicht kennen, auf Wegen, die er weiß, zum Glauben führen kann, ohne den es unmöglich ist, ihm zu gefallen (vgl. Hebr 11,6), so liegt also doch auf der Kirche die Notwendigkeit (vgl. 1 Kor 9,16) und zugleich das heilige Recht der Evangeliumsverkündigung. Deshalb behält heute und immer die missionarische Tätigkeit ihre ungeschmälerte Bedeutung und Notwendigkeit« (Nr. 7).

Zu unserer Frage äußert sich auch die »Dogmatische Konstitution über die Kirche« in einem wichtigen Abschnitt (Nr. 16), den wir bereits zitiert haben. Dort wird gesagt, daß Gottes Heilswille alle Menschen umfaßt, so daß auch jene, die »ohne Schuld noch nicht zur ausdrücklichen Anerkennung Gottes gekommen sind«, aber ein »rechtes Leben zu führen sich bemühen«, gerettet werden können.

Noch eine weitere Konzilsaussage ist hier von Bedeutung. Sie findet

sich in der »Pastoralen Konstitution über die Kirche in der Welt von heute«:
»Da nämlich Christus für alle gestorben ist (vgl. Röm 8,32) und da es in Wahrheit nur eine letzte Berufung des Menschen gibt, die göttliche, müssen wir festhalten, daß der Heilige Geist allen die Möglichkeit anbietet, diesem österlichen Geheimnis in einer Gott bekannten Weise verbunden zu sein« (Nr. 22).
Diese drei Texte ergänzen und interpretieren einander gegenseitig. Allerdings lassen sich die verschiedenen Aussagen nicht miteinander harmonisieren.
– *Einerseits* wird die Notwendigkeit der Taufe und der Kirchengliedschaft zur Erlangung des Heils ausdrücklich betont (Missionsdekret). *Anderseits* heißt es, daß Gottes Heilswille alle Menschen umfaßt (Kirchenkonstitution) und daß Gott auch jene, die das Evangelium nicht kennen, »auf Wegen, die er weiß, zum Glauben führen kann« (Missionsdekret) und daß »der Heilige Geist allen die Möglichkeit anbietet«, ihrer göttlichen Berufung zu folgen (Pastoralkonstitution).
– *Einerseits* wird gesagt, daß auch jene, »die das Evangelium noch nicht empfangen haben« auf »verschiedene Weisen« auf die Kirche hingeordnet sind. *Anderseits* ist diese Hinordnung nicht mit der heilsnotwendigen Kirchenzugehörigkeit gleichzusetzen (Kirchenkonstitution).
– *Einerseits* wird zugestanden, daß es auch außerhalb der Kirche Heil gibt (Missionsdekret, Kirchenkonstitution, Pastoralkonstitution). *Anderseits* wird die Missionstätigkeit der Kirche damit begründet, daß es unmöglich ist, ohne den Glauben Gott zu gefallen (Missionsdekret).
– *Einerseits* wird selbst Ungläubigen, sofern sie nur nach ihrem Gewissen leben, die Heilsmöglichkeit nicht abgesprochen (Kirchenkonstitution). *Anderseits* heißt es, daß es ohne Glauben kein Heil geben kann (Missionsdekret).
Zur Lösung der damit verbundenen Probleme setzen wir am besten bei diesem letzten Punkt an. Wie kann bei jedem Menschen, also auch beim Atheisten, von einem zumindest unausdrücklichen Glauben die Rede sein, der doch heilsnotwendig ist? Das Konzil hat sich zu dieser Frage nicht geäußert. Das Missionsdekret verweist schlicht und einfach auf »Wege«, die »Gott allein weiß« (Nr. 7). Auch die Pastoralkonstitu-

tion sagt lediglich, »daß der Heilige Geist allen die Möglichkeit« des Glaubens »anbietet« (Nr. 22), ohne sich über das Wie zu äußern. Die Frage wird damit an die theologische Forschung weitergegeben.

Vor allem Karl Rahner hat in diesem Zusammenhang einige überaus hilfreiche Überlegungen angestellt.

Dabei geht er davon aus, daß jeder Mensch von allem Anfang an seinsmäßig und bleibend von der Gnade Gottes geprägt und bestimmt ist. Das heißt, man kann im Hinblick auf den Menschen eine ›natürliche‹ (rein ›menschliche‹) und eine ›übernatürliche‹ (durch Gottes Gnadenangebot charakterisierte) Ebene zwar *unterscheiden,* aber praktisch sind diese beiden Ebenen *nicht voneinander zu trennen,* da Gott den Menschen schon immer zur Gemeinschaft mit sich berufen hat. Diese gnadenhafte Zuwendung Gottes ›hebt‹ ihn von Beginn seiner Existenz an auf die übernatürliche Ebene. Sie liegt seiner Freiheit und Erkenntnis voraus. Sie kommt dem Menschen zwar nicht wesensmäßig zu (Gott gewährt seine Gnade frei!), prägt ihn aber doch faktisch seinsmäßig. Diese gnadenbedingte, seinsmäßige Bestimmung des Menschen bezeichnet Rahner als *übernatürliches Existential.* Damit soll ausgedrückt werden, daß der Mensch zu keinem Zeitpunkt seiner Existenz ein nur natürliches Wesen ist, sondern von Gott zum übernatürlichen Heil berufen ist. Daraus folgt, daß menschliche Selbsterfahrung immer auch Erfahrung von Gnade und damit Gotteserfahrung ist, ganz gleich, ob einer sich nun dessen bewußt ist oder nicht[11]. Konkret: wenn immer ein Mensch, glaube er nun an Gott oder nicht, seine Verantwortung gegenüber sich selbst, den Mitmenschen und der Gesellschaft wahrnimmt, setzt er damit einen Glaubensakt. Denn wie sollte er *beweisen* können, daß es besser ist, seine Verantwortung zu tragen, als sich ihrer zu entledigen? Gewissenhaftes Handeln setzt in jedem Fall ein (mehr oder weniger reflektiertes) *Vertrauen* voraus, daß dieses Handeln einen letzten Sinn hat, wodurch man wiederum ein Grund-Vertrauen in die Weltwirklichkeit als Ganzes manifestiert.

Bei allen inhaltlichen Differenzen unterscheidet sich ein solches Vertrauen *seiner inneren Struktur nach* in nichts vom Glauben des Gläubigen, der ja ebenfalls Ausdruck von Vertauen ist. Der Glaube des Gläubigen allerdings ist expliziter Art (er weiß, *wem* er vertraut: vgl. 2 Tim 1,12), während man das Vertrauen des Ungläubigen als impli-

ziten (oder, in Rahnerscher Terminologie, als anonymen) Glauben definieren kann.
Solcher Glaube aber – sei er nun bloß implizit vorhanden oder werde er ausdrücklich gelebt – ist nach christlichem Verständnis heilswirksam, weil er in jedem Fall eine Antwort darstellt auf Gottes zuvorkommendes Gnadengeschenk. Wenn es in der Kirchenkonstitution heißt, daß sich auch bei jenen, die den Gott Jesu Christi noch nicht gefunden haben, »Gutes und Wahres« findet, und daß auch sie »ein rechtes Leben führen« können, so geschieht dies dank der »göttlichen Gnade« (Nr. 16). In der »Erklärung über das Verhältnis zu den nichtchristlichen Religionen« lehrt das Konzil, daß viele von diesen Religionen »einen Strahl jener Wahrheit erkennen lassen, die alle Menschen erleuchtet« (Nr. 2). Nichts hindert den Christen daran, nicht nur in den Glaubensäußerungen ihrer Anhänger sondern auch *in diesen Religionen selbst* eine *Antwort auf eine göttliche Offenbarung* zu sehen. Denn Gottes freie Selbstmitteilung bildet ja gerade den Ermöglichungsgrund für jede (noch so unausdrückliche) Glaubensantwort des Menschen.

Damit stellt sich die Frage nach dem Absolutheitsanspruch des Christentums (der auf dem Glauben an die Einzigartigkeit Jesu Christi beruht) aus einer neuen, erweiterten Perspektive. Im Vordergrund steht jetzt nicht mehr das Problem, welche Religion nun den *vollkommeneren Heilsweg* darstellt, sondern die Erkenntnis, daß die Religionen *tatsächlich Heilwege* sind. Die Ansicht, daß erst auf dieser Basis ein offener und entspannter Dialog zwischen den Religionen möglich ist, vertritt der amerikanische Theologe Paul M. Knitter in seinem Buch »Ein Gott – viele Religionen«[12].
Knitter betont, daß die bisherige Diskussion um die Heilsbedeutsamkeit der Religionen im Christentum verschiedene Stadien durchlaufen hat, insofern das ekklesiozentrische Modell (kein Heil außerhalb der Kirche) vom christozentrischen (Christus als einziger Heilbringer) abgelöst wurde, welches nun seinerseits in zunehmendem Maße von einem theozentrischen Modell (Gott eröffnet Heilswege in den Religionen) verdrängt werde. In diesem neuen Kontext stellt sich für ihn die Frage der Einzigartigkeit Jesu Christi anders:

»Ein Teil dieses transformatorischen Wachstums wird meiner Meinung nach die Klärung der theoretischen Frage nach der Einzigartigkeit Jesu Christi sein. Ich habe dargelegt, daß die Christen es innerhalb ihres eigenen Glaubens wie auch in ihrem Gespräch mit Andersgläubigen nicht nötig haben, für Jesus eine ›Endgültigkeit‹ oder ›Normativität‹ zu beanspruchen. Ich habe aber auch hinzugefügt, daß dieser Anspruch nach wie vor zutreffen kann, obwohl er in der gegenwärtigen Phase der interreligiösen Bewegung weder erhoben werden kann noch muß. Vielleicht ist im historischen Ereignis Jesus Christus etwas geschehen, was alle anderen Ereignisse erstaunlicherweise übersteigt. Vielleicht enthält und erklärt die geschichtliche Offenbarung Gottes in Jesus Christus – begrenzt und relativ wie alles Geschichtliche – alle anderen relativen geschichtlichen Offenbarungen. Vielleicht geht das, was in der Geschichte Jesu stattgefunden hat, über alles hinaus, was jemals im kollektiven Unbewußten und in den Mythen der Menschheit auffindbar war.«[13]

Die Frage ist allerdings, ob *für den Christen* ein bloßes »Vielleicht« ausreicht, um den Glauben an die Auferstehung zu bekennen oder ob dieses Bekenntnis nicht doch erst dann verantwortet werden kann, wenn es auf einer inneren Gewißheit beruht. Anderseits aber ist zu bedenken, daß auch das Judentum und der Islam daran festhalten, daß Gott die Vollendung und damit das Heil aller Menschen will.

Wenn Gott aber allen Menschen eine Heilsmöglichkeit anbietet, so bedeutet das, daß dieses Heil *faktisch* nicht unmittelbar über die Religionen erreicht wird, sondern daß *der Weg des Gewissens* und *die ethische Dimension der Praxis* theologisch als »Ort der Heilsentscheidung und als Stoff der Heilswege zu bestimmen« sind[14]. In *dieser* Hinsicht wird die Frage nach der Einzigartigkeit Jesu Christi tatsächlich relativiert.

Damit wird nun allerdings nicht behauptet, daß damit die Wahrheitsfrage der Beliebigkeit des einzelnen überlassen bleibt, in dem Sinne, daß eben jeder nach seiner Fasson selig werden kann. Denn vor seinem Gewissen ist der Mensch verantwortlich, nach der Wahrheit zu suchen, sich ihr nicht zu verschließen und entsprechend den gewonnenen Einsichten zu handeln.

Wenn der Christ *für sich* an der Einzigartigkeit des von Jesus gepredigten und praktizierten Heilsweges festhält und sich zu Jesus Christus als dem eigentlichen Heilsweg bekennt, kündigt er damit den Dialog mit

den anderen Religionen nicht auf. Auch sein Glaube stellt ja einen lebenslangen *Prozeß* dar. Und das wiederum bedeutet, daß er seine Glaubensentscheidung stets neu zu hinterfragen und zu überprüfen hat. Auch in dieser Hinsicht hat das »Vielleicht«, von dem Knitter spricht, seine Berechtigung.
Die Tatsache, daß die Anhänger anderer Religionen vom Heil nicht ausgeschlossen sind, bleibt nicht ohne Folgen für das Missionsverständnis: Auch wenn Mission nicht mehr bloß als eine Art Heilsgeschäft mit Blick auf das Jenseits verstanden wird, bleibt sie dennoch

»ein gültiges und sinnvolles Anliegen. Sie ist aber nicht länger das primäre Ziel, die *raison d'être* missionarischer Unternehmungen. Wenn andere Menschen zur christlichen Glaubensgemeinschaft bekehrt werden, freut sich der Missionar – solange die Konversion in Freiheit und als Integration der persönlich-kulturellen Identität des Betreffenden stattgefunden hat. Wenn aber die Bekehrung nicht stattfindet, braucht der Geist des Missionars nicht schwach zu werden. Das zentrale Anliegen der Mission wird solange realisiert, als alle Beteiligten durch wechselseitige Bezeugung zu einem tieferen Erfassen und Befolgen der Wahrheit Gottes bekehrt werden«[15].

Das wiederum schließt ein, daß der Christ bejaht, daß auch die Anhänger anderer Religionen ihre Verantwortung wahrnehmen und gemäß ihrer Überzeugung ihre Ziele verfolgen. Mission ereignet sich so im und als Dialog, der »auf persönlicher religiöser Erfahrung« beruht und »in der Hypothese eines allen Religionen gemeinsamen Grundes und Zieles verwurzelt« ist[16].

Knitter nennt drei für einen solchen Dialog notwendige Kriterien:
»Das *persönliche* Kriterium: Rührt die Offenbarung der Religion oder der religiösen Gestalt – die Erzählung, der Mythos, die Botschaft – das Herz des Menschen an? Erschüttert sie das Gefühl, wühlt sie die Tiefen des Unbewußten auf? Das *intellektuelle* Kriterium: Stellt die Offenbarung die Vernunft zufrieden und erweitert sie den geistigen Horizont? Ist sie dem Verstand zugänglich und logisch in sich? Vermehrt sie die Dimension des Verstehens? Das *praktische* Kriterium: Fördert die Botschaft die psychische Gesundheit des einzelnen, seinen Sinn für Werte, Ziele und für Freiheit? Fördert sie insbesondere das Wohlerge-

hen, die Befreiung aller Völker und integriert sie die Individuen und die Nationen in eine größere Gemeinschaft?«[17]

Die hier genannten Kriterien sind weniger theoretischer als vielmehr praktischer Natur. Sie lassen sich auf jede der drei großen monotheistischen Religionen anwenden – aber jede von ihnen erfüllt sie (wie die Geschichte zeigt) nicht zu jeder Zeit in gleichem Maße, und stets nur annähernd.

Und jede dieser Religionen ist, dem Selbstverständnis ihrer Anhänger zufolge, der – oder ein – Weg, der zu Gott und damit zum Heil führt. Die wesentlichen Unterschiede betreffen eben diesen Heils*weg* und sind damit lehrhafter Natur. Übereinstimmung hingegen besteht in bezug auf das *Ziel,* das der Mensch erreichen soll. Verbindend sind aber auch viele *religiöse Grunderfahrungen,* was einschließt, daß die Anhänger jeder dieser drei Religionen die anderen Bekenntnisse als Glaubensantworten ernstnehmen müssen. Ernstzunehmen sind sie nicht zuletzt deshalb, weil Muḥammad sich ebenso von Gott berufen wußte wie Jesus und Mose und weil die Verkündigung jeder dieser drei Gestalten Ausdruck einer tiefen Gotteserfahrung ist.

Das Judentum, das Christentum und der Islam kommen einander wohl nirgends so nahe wie da, wo sich ihre Anhänger gänzlich dem Geheimnis Gottes ausliefern und sich ihm überlassen, nämlich in der *Mystik.* An Hand der Gebete der Mystiker läßt sich das besonders gut verdeutlichen.

»O Gott, setze in mein Herz Licht, in meine Ohren Licht, in
meine Augen Licht und in meine Zunge Licht;
zu meiner Rechten Licht und zu meiner Linken Licht;
über mir Licht und unter mir Licht;
vor mir Licht und hinter mir Licht!
Setze mir in meine Seele Licht!
Mache mir das Licht groß!
Weite mir meine Brust und mache mir meine Aufgabe leicht! O Gott, du hörst meine Worte und siehst meinen Aufenthalt. Du kennst meine geheimen und offenbaren Werke, und nichts von meinem Leben bleibt vor dir verborgen.
Ich bin elend und arm, ich rufe zu dir um Hilfe und Beistand, in Furcht und Ängstlichkeit, ich bekenne und gestehe meine Schuld.

Ich bitte dich, wie ein Elender bittet; ich flehe zu dir, wie ein Erniedrigter fleht; ich rufe zu dir, wie der angstvolle Blinde ruft, dessen Nacken sich vor dir beugt, und dessen Träne vor dir fließt und dessen Körper sich vor dir erniedrigt, und dessen Stolz sich vor dir demütigt.«

»Ich will dich rühmen, mein Gott und König,
und deinen Namen preisen immer und ewig;
ich will dich preisen Tag für Tag
und deinen Namen loben immer und ewig.
Groß ist der Herr und hoch zu loben,
seine Größe ist unerforschlich.
Ein Geschlecht verkünde dem andern den Ruhm deiner Werke und erzähle von deinen gewaltigen Taten.
Sie sollen vom herrlichen Glanz deiner Hoheit reden; ich will deine Wunder besingen.
Sie sollen sprechen von der Gewalt deiner erschreckenden Taten;
ich will von deinen großen Taten berichten.
Sie sollen die Erinnerung an deine große Güte wecken und über deine Gerechtigkeit jubeln.
Der Herr ist gnädig und barmherzig,
langmütig und reich an Gnade.«

»Oh, Flamme der Liebe, lebendige, die zu zuinnerst mich getroffen in der Seele!
Hörst du auf zu grollen endlich? Vollende denn! Vollende! Zerreiß das morsche Gewebe, das letzte übrige, das zwischen Ihn und mich sich drängt.
Das Feuer läutert, das Schwert scheidet! Gewünschter Brand! Ersehnte Wunde! Wer ist die sanfte Hand, die alle Schmerzen sänftigt? Edens Düfte strömen aus von ihr.
Sie tilgt jede Schuld – sie heilet tötend und gibt für Tod das Leben.
Ihr flammenden Leuchten, in deren Glanz des Sommers düsterste Grotten widerglänzen –
Blind war er und mit Nacht umfangen, aber seine Finsternis ward in Licht verklärt,
Und die tote Asche schlug auf in loderndes Feuer!
Ich spüre ihn sich regen in meinem Innern, den Sanften, den Freundlichen, der nimmer von mir gewichen.

Ich spüre ihn, ich schmecke ihn, ich fühle seines Odems Wehen. Glorie umstrahlt mich; Seligkeit umfängt mich. Selig geh ich unter in Liebe!«

Welches Gebet ist welcher Religion zuzuordnen? Könnte das erste, das die islamische Tradition Muḥammad zuschreibt, nicht vom Verfasser des dritten, dem hl. Johannes vom Kreuz (1542–1591) stammen? Und könnten nicht Christen *und* Muslime zusammen mit dem Verfasser des zweiten – es handelt sich um dem 145. Psalm – zu Gott beten?[18]
Um Mißverständnisse zu vermeiden: die Lehrunterschiede zwischen den einzelnen Religionen sind keineswegs bedeutungslos. Sie zeitigen Folgen, die oft weit über den privaten Bereich ins gesellschaftspolitische Leben hineinreichen (man denke nur an die jüdischen Interpretationen der Landesverheißung, an die christlichen Theorien vom gerechten Krieg, an die Handhabung der islamischen Rechtsgrundsätze . . .). Solange sich aber die Religionen (nach innen und nach außen) vorwiegend um Lehrunterschiede streiten, hat die Religion als solche keine Zukunft. Von derartigen Auseinandersetzungen ist die Mystik deshalb verschont geblieben, weil sie nicht von einer Theorie ausgeht, sondern von der Versenkung in das Geheimnis Gottes und der daraus entstehenden Erfahrung lebt, die ja das Ziel aller Religionen darstellt. Ist der Gedanke illusorisch, daß die den Religionen gemeinsame Gotteserfahrung mehr als alles andere dazu beitragen könnte, die Lehrunterschiede etwas nüchterner einzuschätzen, sie gelassener auszuhalten und vielleicht wenigstens teilweise zu überbrücken? Und signalisiert nicht jede Religion, die mystische (Gottes-)Erfahrungen ermöglicht, für den, der diese Erfahrungen macht, Heil?

Wem gehört Jesus? Am Schluß unserer Überlegungen gibt es wohl nur eine mögliche Antwort auf die Titelfrage dieses Buches: Jesus gehört allen, weil er alle Menschen an seiner Gotteserfahrung teilhaben läßt. Dem aber ist hinzuzufügen: Allen gehören auch Mose und Muḥammad. Wobei jede dieser drei großen Gestalten für jene Menschen eine zusätzliche Bedeutung besitzt, die sich in besonderer Weise auf sie berufen. Im Grunde aber wollten sie alle drei nur das eine: den Menschen den Weg zu Gott und damit zum Heil weisen.

Anmerkungen

Von der Polemik zum Dialog

1 Zur Zitationsweise kirchlicher Verlautbarungen: siehe die anschließenden Quellenverweise.
2 Patrologia latina 87, 952–954; zit. G. Bachl, Über den Tod und das Leben danach, Graz Wien Köln 1980, 219–221. Dort weitere Beispiele.
3 Vgl. dazu die Definition von Häresie in can. 751 des Kirchenrechts: »Häresie nennt man die nach Empfang der Taufe erfolgte *beharrliche* (pertinax) Leugnung einer kraft göttlichen und katholischen Glaubens zu glaubenden Wahrheit oder einen *beharrlichen* Zweifel an einer solchen Wahrheit« (kursiv von mir).
4 Zum folgenden vgl. F. Mußner, Traktat über die Juden, München 1979, 212–241.
5 Mußner, 309–310.
6 H. Küng, Die Kirche (Ökumenische Forschungen. Ekklesiologische Abteilung, Bd. 1), Freiburg Basel Wien 1967, 165f.
7 Zu den Grundlagen eines solchen Gesprächs vgl. Küng, 167–180.
8 Nova agendi ratio, in: Acta Apostolicae Sedis 63 (1971) 234–236.
9 Dostojewski drückt diesen Sachverhalt gegenüber dem wiedergekehrten und gefangenen Christus so aus: »Du bist nicht vom Kreuz herabgestiegen, als sie Dir unter Hohn und Spott zuriefen: ›Steig herab vom Kreuz, und wir werden glauben, daß Du es bist!‹ Du bist nicht herabgestiegen, weil Du wiederum den Menschen nicht durch ein Wunder knechten wolltest, weil Du nach seinem freien Glauben lechztest und nicht nach Wunderglauben. Du lechztest nach Liebe in Freiheit und nicht nach der knechtischen Begeisterung eines Sklaven angesichts einer Macht, die ihm ein für allemal Schrecken eingeflößt hat.« F. M. Dostojewski, Die Brüder Karamasow, München 1958 (Winkler Ausgabe), 345.
10 Vgl. Dignitatis humanae, Nr. 9, Anm. 8
11 Thomas von Aquin, De veritate, 17, 4, ad 1.
12 Das gilt allerdings nur für die Juden und die Ungläubigen. Gegenüber den Häretikern schließt Thomas die Anwendung von Gewalt nicht aus; vgl. Summa theologica, II-II, 10, 8; 11, 13.
13 Thomas von Aquin, Summa theologica, II-II, 10,11.
14 Vgl. DS 3165–3179.

Heimholung des verlorenen Sohnes: Jesus im Judentum

1 Zit. Schalom Ben-Chorin, Bruder Jesus. Der Nazarener aus jüdischer Sicht (= dtv Bd. 1253), München ^{9}1986, 10.
2 P. Lapide, Ist das nicht Josephs Sohn? Jesus im heutigen Judentum (= Gütersloher Taschenbücher Bd. 1408), Gütersloh 1983, 42.
3 Zur Stellung Jesu im Judentum vgl. außerdem: W. P. Eckert, Jesus und das heutige Judentum, in: F. J. Schierse (Hrsg.), Jesus von Nazareth, Mainz 1972; R. Gradwohl, Das neue Jesus-Verständnis bei jüdischen Denkern der Gegenwart, in: Freiburger Zeitschrift für Philosophie und Theologie 20 (1973) 306–323; W. Dantine, Jesus von Nazareth in der gegenwärtigen Diskussion, Gütersloh 1974; H. G. Pöhlmann, Wer war Jesus von Nazareth?, Gütersloh ^{2}1977; H. Fries, Jesus in jüdischer Sicht, in: H. Fries/F. Köster/F. Wolfinger (Hrsg.), Jesus in den Weltreligionen, St. Ottilien 1981, 15–49; F. König/E. L. Ehrlich, Juden und Christen haben eine Zukunft, Zürich 1988; bes. 135–141.
4 Zu Inhalt, Struktur und Zitationsweise des Talmuds siehe: Quellenverweise am Schluß dieses Buches. Vgl. außerdem: J. Maier, Jesus von Nazareth in der talmudischen Überlieferung (= Erträge der Forschung Bd. 82), Darmstadt 1978.
5 Belegstellen bei: A. Th. Khoury (Hrsg.), Lexikon religiöser Grundbegriffe. Judentum Christentum Islam, Graz Wien Köln 1987, 529.
6 Mendelssohn: zit. Khoury, 530; Lapide, 87; Ben-Chorin, 186.
7 Die folgende Darstellung über die Rabbinen stützt sich weitgehend auf Lapide, 81–167.
8 Mose Maimonides, Mischne Tora, Hilchot Melachim XI,4; zit. Lapide, 104.
9 Sa'd Ibn Mansur Ibn Kammuna, Erforschung der drei Religionen; zit. Lapide, 102f.
10 Vgl. Lapide, 107.
11 Zit. Lapide, 115, 116.
12 M. Mendelssohn, Jerusalem, Leipzig 1843, 357.
13 Vgl. M. De Jonge, Jeschua, der klassische jüdische Mann. Zerstörung des kirchlichen, Enthüllung des jüdischen Jesusbildes, Berlin 1904, 100: »Fort aus den Evangelien, ihr Pfaffen! Hände weg von Jeschua! Her mit eurem Raub! Jeschua den Juden!« (Zit. Lapide, 122; weitere Belege für das damals wachsende Interesse der Juden an Jesus: ebd., 123–140.)
14 H. G. Enelow, A Jewish View of Jesus, New York 1920, 181; zit. Lapide, 133.
15 Enelow, 166.
16 J. Klausner, Jeschu Ha-notzri, Jerusalem 1922; engl. 1925; dt. Jesus von Nazareth. Seine Zeit, sein Leben und seine Lehre, Berlin 1930.
17 Ebd., ^{2}1934, 574.
18 L. Baeck, Das Evangelium als Urkunde der jüdischen Glaubensgeschichte, Berlin 1938, 30.
19 Ebd., 70.
20 Ebd., 69f.

21 M. Buber, Zwei Glaubensweisen, Zürich 1950; wieder abgedruckt in: Werke, Bd. 1, München Heidelberg 1962, 652–782; 657.

22 Ben-Chorin (Anm. 1), 11. Im folgenden Zitate mit Seitenangabe in Klammern. Vgl. die kritische Analyse von Th. Pröpper, Der Jesus der Philosophen und der Jesus des Glaubens, Mainz 1976, 70–94.

23 Schalom Ben-Chorin, Jesus im Judentum, Wuppertal 1970, 67.

24 P. Lapide, Der Rabbi von Nazareth, Trier 1974; ders. Juden und Christen, Zürich Einsiedeln Köln 1976; ders. Auferstehung. Ein jüdisches Glaubensbekenntnis, Stuttgart München 1977; H. Küng/P. Lapide, Jesus im Widerstreit. Ein jüdisch-christlicher Dialog, Stuttgart/München 1976; P. Lapide/J. Moltmann, Jüdischer Monotheismus – Christliche Trinitätslehre. Ein Gespräch, München 1979; P. Lapide/C. F. von Weizsäcker, Die Seligpreisungen. Ein Glaubensgespräch, Stuttgart München 1980; P. Lapide/K. Rahner, Heil von den Juden? Ein Gespräch, Mainz 1983. Zitate aus diesen Werken im folgenden unter Angabe des Kurztitels und mit Seitenangabe in Klammern.

25 D. Flusser, Jesus in Selbstzeugnissen und Bilddokumenten, Reinbek 1968; vgl. dazu Dantine (Anm. 2), 38–41.

26 H. Fries, Zeitgenössische Grundtypen nichtchristlicher Jesusdeutungen, in: L. Scheffczyk (Hrsg.), Grundfragen der Christologie heute (= Quaestiones disputatae Bd. 72), Freiburg 1975, 36–76; 69.

27 Erklärung über das Verhältnis der Kirche zu den nichtchristlichen Religionen Nostra aetate, Nr. 4.

28 Lapide, Ist das nicht Josephs Sohn? (Anm. 2), 47–80.

29 P. Navé, Die neue hebräische Literatur, Bern 1962, 96; vgl. das Urteil von Lapide, Ist das nicht Josephs Sohn?, 38: »Offensichtlich der beste Jesusroman der hebräischen Literatur.«

30 Zit. Lapide, Ist das nicht Josephs Sohn?, 42. Im ersten Kapitel dieser Untersuchung (»Jesus in der hebräischen Literatur«) verweist der Verfasser noch auf einige weitere Beispiele (Kurzgeschichten, Balladen, Novellen), in denen von Jesus mehr oder weniger ausdrücklich die Rede ist.

31 H. Domin, Ecce Homo, in: Ich will Dich. Gedichte, München 1970, 19. Literarische Beispiele von Annäherungen an Jesus aus dem Jüdischen finden sich bei K.-J. Kuschel (Hrsg.), Der andere Jesus. Ein Lesebuch moderner literarischer Texte, Zürich Einsiedeln Köln/Gütersloh 1983, 351–386.

32 F. Mußner, Traktat über die Juden, München 1979, 310–335; 310. Zitate im folgenden mit Seitenangabe in Klammern.

33 F. Rosenzweig, Briefe, Berlin 1935, 73.

Menschensohn und Gottes Sohn: Jesus im Christentum

1 Zu diesem Abschnitt ausführlich: H. Frankemölle, Glaubensbekenntnisse. Zur neutestamentlichen Begründung unseres Credos, Düsseldorf 1974; W. Kasper, Jesus der Christus, Mainz 1974; F.-J. Schierse, Christologie,

Düsseldorf 1979; Th. Schneider, Was wir glauben. Auslegung des Apostolischen Glaubensbekenntnisses, Düsseldorf 1985; W. Simonis, Jesus von Nazareth. Seine Botschaft vom Reich Gottes und der Glaube der Urgemeinde, Düsseldorf 1985.

2 Das hebräische almáh indessen bedeutet eine junge Frau, die nicht notwendigerweise Jungfrau sein muß – wie auch die deutsche Einheitsübersetzung in einer Fußnote zu Jes 7,14 bemerkt.

3 Zur Frage der Entstehung des Osterglaubens vgl. J. Imbach, Himmelsglaube und Höllenangst. Was wissen wir vom Leben nach dem Tod?, München 1987, 97–107.

4 Vgl. Tacitus (um 55–nach 116), Annalen 15,4; Sueton (geb. um 70 n. Chr.), Leben des Claudius 25; Plinius der Jüngere (61/62–113), Epistola 10,69); Josephus Flavius (37/38 – um 100), Jüdische Altertümer, 20,200.

5 Dazu ausführlich: J. Imbach, Die Bibel lesen und verstehen, München 1986, 120–146.

6 Ausführlich behandelt Simonis, 204–208, die Frage der Datierung.

7 Simonis, 233.

8 Vgl. R. Pesch, Wie Jesus das Abendmahl hielt, Freiburg 1977.

9 Eine ausführliche und allgemeinverständliche Darstellung findet sich bei R. P. McBrien, Was Katholiken glauben, Bd. 1, Graz Wien Köln 1982, 309–402; vgl. auch Schneider (Anm. 1), 220–231.

10 An die Trallianer, 9.

11 Der folgende kurze Überblick über Christusdarstellungen in der Kunst ist zum Teil sinngemäß, zum Teil wörtlich übernommen aus H. Küng, Christsein, München 1974, 120.

12 Näheres dazu im 5. Kapitel dieses Buches.

13 K. Rahner/K. H. Weger, Was sollen wir noch glauben?, Freiburg i. Br. 1979, 121.

14 Ebd., 115.

Gesandter Allāhs: Jesus im Islam

1 Über das Verständnis Jesu im Koran und im Islam vgl. G. C. Anawati, 'Īsā, in: Encyclopédie de l'Islam, Tome 4, Leiden/Paris 1978, 85–90 (Lit.); F. Köster, Jesus im Islam, in: H. Fries/F. Köster/F. Wolfinger (Hrsg.), Jesus in den Weltreligionen, St. Ottilien 1981, 51–76; K. Samir, Cristo nel Corano, in: La Civiltà Cattolica 134 (1982/II) 450–462; ders., Teologia coranica di Cristo, in: ebd., 556–564; A. Th. Khoury (Hrsg.), Lexikon religiöser Grundbegriffe. Judentum Christentum Islam, Graz Wien Köln 1987, 542–546 (Lit.).

2 Vgl. Protoevangelium des Jakobus 5,2 (Geburt Marias); 8,1 (Ernährung Marias »aus der Hand eines Engels«); Pseudo-Matthäusevangelium 4; 6,3. Dt. Übers. in: E. Hennecke, Neutestamentliche Apokryphen, 3. völlig neu

bearb. Auflage, hrsg. von W. Schneemelcher, Bd. 1: Evangelien, Tübingen 1959.

3 Vgl. Anawati, 85.

4 Eirenaios von Lyon, Adversus Haereses, I, 24,4.

5 C. Schedl, Muḥammad und Jesus. Die christologisch relevanten Texte des Koran, Wien 1978, 469f.

6 Vgl. A. Th. Khoury, Begegnung mit dem Islam, Freiburg Basel Wien 1980, 44.

7 Vgl. M. Eliade, Geschichte der religiösen Ideen, Bd. III/1, Freiburg Basel Wien 1983, 83.

8 Vgl. Anawati, 87.

9 Khoury, Lexikon (Anm. 1), 544.

10 Vgl. G. C. Anawati, Polémique, apologie et dialogue islamo-chrétiens, in: Euntes docete 22 (1969) 375–451.

11 Zum folgenden: ebd., 380–392.

12 Vgl. G. Rizzardi, Maometto-anticristo nei commentari dell'Apocalisse, in: Renovatio 12 (1987) 57–87.

13 Vgl. Anawati, Encyclopédie, 89; ders., Polémique, 450.

14 J. van Ess, Jesus im Koran. Islamische Perspektiven, in: H. Küng/J. van Ess/H. von Stietencron/H. Bechert, Christentum und Weltreligionen, München Zürich 1984, 157–172; 159.

15 P. Rondot, Der Islam, zit. Köster (Anm. 1), 66.

Wer ist Gott?

1 M. Buber, Gottesfinsternis, in: Werke, Bd. 1, München 1962, 509.

2 K. Rahner, Grundkurs des Glaubens, Freiburg Basel Wien 1976, 56.

3 P. Lapide, Gott im Judentum, in: A. Th. Khoury/P. Hünermann (Hrsg.), Wer ist Gott? Die Antwort der Weltreligionen, Freiburg Basel Wien 1983, 53–72; 56.

4 N. Lohfink, Gott. Polytheistisches und monotheistisches Sprechen von Gott im Alten Testament, in: Unsere großen Wörter. Das Alte Testament zu Themen dieser Jahre, Freiburg Basel Wien 1977; 127–144; vgl. auch A. Deissler, Die Grundbotschaft des Alten Testaments. Ein theologischer Durchblick, Freiburg Basel Wien 1972.

5 Mose Maimonides, Kommentar zur Mischna, Traktat Sanhedrin; zit. P. Meinhold, Die Religionen der Gegenwart, Freiburg Basel Wien 1978, 215f.

6 Im folgenden beziehe ich mich auf A. M. Goldberg, Judentum, in: E. Brunner-Traut (Hrsg.), Die fünf großen Weltreligionen, Freiburg Basel Wien [13]1985, 88–106; bes. 93f. Vgl. außerdem A. Th. Khoury (Hrsg.), Lexikon religiöser Grundbegriffe. Judentum Christentum Islam, Graz Wien Köln 1987, 409f.

7 Goldberg, 94.

8 P. Kuhn (Hrsg.), Weißt du, wo Gott zu finden ist? Geschichten aus dem chassidischen Judentum, Kevelaer 1984, 10.
9 O. Knoch, Jesus – Beter und Lehrer des Gebetes, in: Sch. Ben-Chorin/R. Kaczynski/O. Knoch, Das Gebet bei Juden und Christen, Regensburg 1982, 27–51; 38f.
10 Vgl. dazu das Kapitel »Menschensohn und Gottes Sohn. Jesus im Christentum«, in diesem Buch.
11 Über die Beziehung zwischen Gott und Jesus vgl. das in Anm. 10 erwähnte Kapitel.
12 »Und vom Sohne« (lat. Filioque) wurde dem Glaubensbekenntnis erst um das 6. Jahrhundert in Spanien eingefügt. In Rom wurde die Ergänzung im Jahre 1014 offiziell ins Credo aufgenommen. Die östlichen Kirchen lehnten das »Filioque« von Anfang an ab.
13 K. Rahner, Einzigkeit und Dreifaltigkeit Gottes im Gespräch mit dem Islam, in: Schriften zur Theologie, Bd. 13, Zürich Einsiedeln Köln 1978, 129–147; 139f.
14 H. Vorgrimler, Theologische Gotteslehre, Düsseldorf 1985, 128.
15 W. Kapser, Der Gott Jesu Christi, Mainz 1982, 370.
16 A. Th. Khoury, Wer ist Gott für den gläubigen Muslim?, in: A. Th. Khoury/P. Hünermann (Hrsg.), Wer ist Gott? Die Antwort der Weltreligionen, Freiburg Basel Wien 1983, 73–91; 88.
17 Näheres bei L. Gardet, Allāh, in: Encyclopédie de l'Islam. Nouvelle édition, tome 1, Leyde Paris 1960, 418–429 (Lit.).
18 Zu den Namen Allāhs vgl. L. Gardet, al-asmā', in: ebd., 735–739.
19 J. van Ess, Gottesbild und islamische Mystik, Menschenbild und Gesellschaft, in: H. Küng/J. van Ess/H. van Stietencron/H. Bechert, Christentum und Weltreligionen, München 1984, 119–136; 124.
20 Ebd., 125.
21. Zit. nach G. Bachl, Über den Tod und das Leben danach, Graz Wien Köln 1980, 198.

Sind die Religionen Wege zum Heil?

1 Thomas von Aquin, Summa theologica, II-II, 122,2.
2 Ebd., II-II, 81,1.
3 P. Tillich, Systematische Theologie, Bd. 1, Stuttgart 1956, 247.
4 Ebd.
5 M. Seckler, Der theologische Begriff der Religion, in: W. Kern/H. J. Pottmeyer/M. Seckler (Hrsg.), Handbuch der Fundamentaltheologie, Bd. 1: Traktat Religion, Freiburg Basel Wien 1985, 173–194; 182.
6 Vgl. G. Lohfink, Universalität und Exklusivität des Heils im Neuen Testament, in: W. Kasper (Hrsg.), Absolutheit des Christentums (Quaestiones disputatae, Bd. 79), Freiburg Basel Wien 1977, 63–82.
7 Thomas von Aquin, Summa contra Gentiles, I,6.

8 W. Kern, Außerhalb der Kirche kein Heil? Freiburg Basel Wien 1979, 48f.
9 Thomas von Aquin, Summa theologica, II-II, 10,11.
10 Ebd., II-II, 10,5
11 Vgl. K. Rahner, Anonymer und expliziter Glaube, in: Schriften zur Theologie, Bd. 12, Einsiedeln Zürich Köln 1975, 76–84.
12 P. F. Knitter, Ein Gott – viele Religionen. Gegen den Absolutheitsanspruch des Christentums, München 1988. Der Originaltitel klingt etwas gemäßigter: No Other Name, A Critical Survey of Christian Attitudes Toward the World Religions (New York 1985).
13 Ebd., 193.
14 M. Seckler, Theologie der Religionen mit Fragezeichen, in: Theologische Quartalschrift 166 (1987) 164–184; 179.
15 Knitter, 180f.
16 Ebd., 158, 159.
17 Ebd., 194.
18 Gebet Muḥammads, in: Mohammed für Christen (Einleitung: Muhammad Salim Abdullah. Textauswahl: A. Th. Khoury), Freiburg i. Br. 1984, 183f.; Psalm 145, 1–8; Johannes vom Kreuz, Lebendige Liebesflamme, in: Ch. Einiger (Hrsg.), Die schönsten Gebete der Welt, München 1964, 72.

Quellenverweise, Abkürzungen

Die Bibel

Zitiert wird nach der Einheitsübersetzung: Die Bibel. Altes und Neues Testament. Herausgegeben im Auftrag der Bischöfe Deutschlands, Österreichs, der Schweiz, des Bischofs von Luxemburg, des Bischofs von Lüttich, des Bischofs von Bozen-Brixen. Für die Psalmen und das Neue Testament auch im Auftrag des Rates der evangelischen Kirche in Deutschland und des Evangelischen Bibelwerks in der Bundesrepublik Deutschland.

Der Talmud

Der Talmud (wörtlich: die Lehre) ist eine Sammlung von Gesetzen und religiösen Überlieferungen des nachbiblischen Judentums, die in der Zeit von etwa 200 vor bis ungefähr 500 nach Christus entstand. Der äußeren Form nach unterscheidet man im Text zwischen der *Mischna* (»Wiederholung«, nämlich der Lehre der Väter, die Satz für Satz wiederholt und so eingeprägt wird) und der *Gemara* (Vollendung der Lehre oder Kommentierung durch spätere Lehrer). Die innere Form des Talmuds hingegen gliedert sich in *Halacha* und *Haggada*. Die Halacha (Lebenswandel) enthält den gesetzlichen Teil – Wegweisung, Entscheidungen der Meister, überliefertes Brauchtum – und macht etwa zwei Drittel des Talmuds aus. Die Haggada (Erzählung) umfaßt Erzählgut wie Sprüche, Gleichnisse, Legenden, Anekdoten. Der ganze Talmud besteht aus sechs Hauptteilen oder Ordnungen (Landwirtschaft, Festzeiten, Eherecht, Zivil- und Strafrecht, heilige Dinge, rituelle Reinigungsvorschriften), die wiederum in einzelne Traktate untergeteilt sind.
Der Talmud existiert in zwei Fassungen, die nach dem Ort ihrer Redaktion benannt sind: Palästinischer und Babylonischer Talmud, wobei man stets den letzteren – umfangreicheren – meint, wenn vom Talmud schlechthin die Rede ist.
Wir zitieren in der Regel nach der nach Themen geordneten Auswahl von R. Mayer, Der Talmud, Goldmann Verlag, München ^{8}1986.
Zitationsweise: Ein der Traktatsbezeichnung vorangestelltes b oder j bedeutet Babylonischer, beziehungsweise Palästinischer (Jerusalemischer) Talmud. Mischnasätze werden nach Kapitel (römische Zahlen) und Paragraphen (arabische Zahlen) zitiert, die Abschnitte aus der Gemara hingegen nach Blatt und Seite, wobei a die Vorder- und b die Rückseite bezeichnet.
Beispiele:
j Chagiga II,2: Palästinischer Talmud, Traktat Chagiga (= Festopfer), Mischna, Kapitel 2, Paragraph 2.

b Sanhedrin 43a: Babylonischer Talmud, Traktat Sanhedrin (= Gerichtshof), Gemara, Blatt 43, Vorderseite.

Der Koran

Die Heilige Schrift der Muslime ist der Koran. Nach islamischer Auffassung handelt es sich dabei um eine getreue Abschrift des himmlischen Ur-Buches, das Muḥammad in der Zeit von etwa 610 bis 632, dem Jahr seines Todes, geoffenbart wurde. Qur'ān (von qar'a = lesen, vortragen) bedeutet wörtlich »das oft zu lesende« (Buch). Der Koran besteht aus 114 Suren (Kapiteln), die ihrerseits, ähnlich wie die Bücher der Bibel, in Verse untergeteilt sind. Alle Suren, mit Ausnahme der neunten, beginnen mit der Einleitungsformel: »Im Namen Allāhs, des Allbarmherzigen.«
Zitiert wird der Koran nach der aufgrund der Übersetzung L. Ullmanns von L. W. Winter neu bearbeiteten und erläuterten Ausgabe: Der Koran, Goldmann Verlag, München ^{16}1986. In dieser Ausgabe wird jedoch, entgegen der allgemeinen Gepflogenheit, der Einleitungsvers zu den einzelnen Suren stets mitgezählt. Wir halten uns aber an die übliche Zählung, die diesen nicht berücksichtigt. Dementsprechend verschiebt sich unsere Angabe der Versnummern im Unterschied zu jener der verwendeten Übersetzung um je eine Einheit nach vorn. So erscheint beispielsweise der 3. Vers jeder Sure in der von uns benützten Ausgabe als Vers 4 (mit Ausnahme der 9. Sure, in welcher der Einleitungsvers fehlt).
Zitationsweise: 3,8 = 3. Sure, 8. Vers.

Lehrentscheide der katholischen Kirche

Sämtliche wichtigen Lehrentscheide der Kirche bezüglich von Glaubens- und Sittenfragen sind in dem nach seinem Begründer und ersten Herausgeber benannten »Denzinger« enthalten. Das *Enchiridion* (Handbuch) von Heinrich Denzinger erschien erstmals im Jahre 1854 und hatte bis 1964 insgesamt 32 Auflagen. Die Ausgabe von 1964 ist von Adolf Schönmetzer vollkommen neu gestaltet worden, so daß aus dem »Denzinger« der »Denzinger-Schönmetzer« wurde. Die Tatsache, daß in späteren Ausgaben jeweils frühere Lehrdokumente nicht mehr aufgeführt wurden, ergab sich nicht nur aus der Qual der Wahl; sie dokumentiert auch eine Lehrentwicklung innerhalb der Kirche!
Eine deutsche Übersetzung der wichtigsten lateinischen und (was die Frühzeit der Kirche betrifft) griechischen Texte ist im »Neuner-Roos« zusammengestellt, einem Handbuch, das 1938 von Josef Neuner und Heinrich Roos herausgebracht wurde und 1971 von Karl Rahner und Karl-Heinz Weger neu bearbeitet wurde.
Zitationsweise: Die einzelnen Großbuchstaben verweisen auf die Handbücher. Die anschließende Zahl steht nicht für die Seite, der der zitierte Text entnommen ist, sondern bezieht sich auf die fortlaufenden Randnummern, mit welchen die einzelnen Texte dort gekennzeichnet sind.

D = H. Denzinger, Enchiridion symbolorum, definitionum et declarationum de rebus fidei et morum, 23. Auflage, Freiburg i. Br. 1937.

DS = H. Denzinger/A. Schönmetzer, Enchiridion ..., 34. Auflage, Freiburg i. Br. 1967.

NR = J. Neuner/H. Roos, Der Glaube der Kirche in den Urkunden der Lehrverkündigung, Regensburg [9]1975.

Erklärung von Fachausdrücken

Begriffe, die im Textteil ausführlich erläutert werden, sind hier nicht aufgenommen. Fachausdrücke, welche den Talmud und den Koran betreffen, werden unter den »Quellenverweisen« erläutert.

Apokryphen: Schriften, die mit den Büchern des Alten und Neuen Testaments viele Ähnlichkeiten aufweisen, jedoch nicht in die Heilige Schrift aufgenommen wurden (z. B. »Thomasevangelium«, »Protoevangelium des Jakobus«). Ihre Verfasser wollten die Lücken in den biblischen Schriften (Kindheit Jesu!) ausfüllen bzw. solche Schriften durch andere ersetzen.

Chassidismus: Um 1735 von Baal Schem gegründete jüdische mystische Bewegung, die vor allem in Osteuropa verbreitet war.

Cherub (Mehrzahl: Cherubim): Der Name entspricht dem babylonischen *karibu,* mit welchem die Mischwesen (halb Tier, halb Mensch) bezeichnet wurden, die an Tempel- und Palasttoren wachten. Wegen ihres Platzes auf der Bundeslade (Gen 25,18) setzt sich die Einsicht durch, daß Jahwe-Gott über den Cherubim thront. Im Alten Testament zeigen die Cherubim die Anwesenheit des Göttlichen an. Später werden sie den Engeln gleichgesetzt und finden so Eingang auch in die christliche Tradition.

Christologie: Lehre von der Person Christi, die im Lauf der dogmatischen Auseinandersetzungen des frühen Christentums begrifflich entwickelt wurde. In der *Deszendenzchristologie* ist der Ausgangspunkt der ewige Gottessohn in der Dreifaltigkeit und dessen Menschwerdung (Christologie von oben), während die *Erhöhungschristologie* (Christologie von unten) in ihren Überlegungen beim Wirken und Geschick des irdischen Jesus einsetzt. Zur *Adoptionschristologie* hingegen gehören jene (altkirchlichen) Strömungen, nach welchen Jesus ein bloßer Mensch ist, der erst bei seiner Taufe oder Auferweckung von Gott zum Sohn Gottes gemacht (»adoptiert«) wurde.

Dogma: Glaubenswahrheit, die von der Kirche in verbindlicher Weise als solche vorgelegt und gelehrt wird.

Enzyklika: Päpstliches Rundschreiben über Fragen der kirchlichen Lehre und Disziplin (sittliches Verhalten). Zitiert werden die Enzykliken nach ihren Anfangsworten, die häufig – ähnlich wie ein Bruchtitel – den Inhalt andeuten.

Eschatologie: Lehre von den Letzten Dingen (des Einzelnen: Tod, Gericht,

Auferstehung, Himmel, Hölle; der Menschheit: Vollendung der Schöpfung und der Geschichte).

Exkommunikation: Ausschluß eines Getauften aus der kirchlichen Gemeinschaft und damit vom Sakramentenempfang.

Exodus: Auszug des Gottesvolkes Israel aus Ägypten. Der eigentliche Exodus beginnt mit dem Durchzug durch das Schilfmeer und führt anschließend durch die Wüste in das Gelobte Land. Für die Juden hat die Erinnerung an den Exodus eine ebenso zentrale Bedeutung wie Ostern für die Christen, als Fest der Auferstehung Jesu.

Heilsökonomie: Gottes Heilshandeln am Menschen in der Geschichte.

Henotheismus: ↗Monotheismus.

Hoheitstitel, christologische: Die im Neuen Testament vorkommenden Würdenamen Jesu, welche sein Wesen und seine Sendung umschreiben und auf diese Weise den Glauben an ihn zum Ausdruck bringen. Die wichtigsten Hoheitstitel sind: Herr (Kyrios), Sohn Gottes, Christus (Messias), Menschensohn, Gottesknecht, Rabbi (Lehrer), Prophet.

Hypostatische Union: Personale Vereinigung bzw. Einheit. Dieser Ausdruck faßt die Lehre des Konzils von Chalkedon (451) zusammen, nach welcher Jesus Christus wahrer Gott und wahrer Mensch ist, also zwei Naturen, eine göttliche und eine menschliche, besitzt. Obwohl beide Naturen ihre Eigentümlichkeiten bewahren, bilden sie eine Einheit (Union), die getragen ist von der einen göttlichen Person (Hypostase) des Sohnes, welche der Menschheit Jesu ihre personale Wirklichkeit verleiht.

Inkarnation: Menschwerdung des präexistenten (↗Präexistenz) ewigen Wortes Gottes (der zweiten göttlichen Person) in Jesus Christus.

Judentum: Ging aus dem Volk Israel hervor. Zur Bildung des Judentums als einer nationalen und religiösen Einheit kam es erst mit der nach dem Babylonischen Exil (586–538 v. Chr.; vgl. 2 Chr 36,17–23) erneuten Verkündigung der ↗Tora durch Esra (Neh 8,1–12), den man wegen der von ihm vertretenen drei Grundgedanken (auserwähltes Geschlecht, Tempel, Gesetz) als Vater des Judentums bezeichnet.

Kalif: Titel der Nachfolger Muḥammads in der Herrschaft über die islamische Gesamtgemeinde. *Kalifat:* Reich, Herrschaft eines Kalifen. Bei der nationalen Erneuerung seit dem Ersten Weltkrieg in der Türkei wurde das Kalifat abgeschafft.

Kirchenbann: ↗Exkommunikation.

Lutheraner: Mitglieder der an den lutherischen Bekenntnisschriften (»Augsburger Konfession« u. a.) festhaltenden evangelischen Kirchen, besonders in Deutschland, Skandinavien und Nordamerika. Die meisten Lutherischen Kirchen sind im Lutherischen Weltbund (gegründet 1947) zusammengeschlossen. ↗Reformierte.

Modernismus: Bewegung, welche vom Ende des 19. bis zu Beginn des 20. Jahrhunderts innerhalb der Katholischen Kirche, vor allem in Frankreich, Italien und England, zu einer Krise führte und die von Pius X. im Jahre 1907 verurteilt wurde. Ihre Vertreter versuchten einen Ausgleich zwischen katholischem Glauben und modernem Denken herbeizuführen, vor allem auf den Gebieten der Philosophie, der Geschichtsforschung und der Bibelauslegung. Die wichtigsten verurteilten Thesen wurden schon unter Pius IX. im sogenannten »Syllabus« (einer Liste) zusammengefaßt. Manche der damals verurteilten Ansichten hat sich die Kirche inzwischen offiziell zu eigen gemacht (Religions- und Gewissensfreiheit, Heilsmöglichkeit von Nichtchristen, Notwendigkeit eines Dialogs zwischen Kirche und Gesellschaft und zwischen Kirchenleitung und Welt).

Monotheismus: Strenger Ein-Gott-Glaube, der den *Polytheismus* (Vielgötterei) ebenso ablehnt wie den *Henotheismus* (Verehrung eines einzigen Gottes, ohne daß aber die Existenz anderer Götter in Frage gestellt wird).

Polytheismus: ↗Monotheismus.

Präexistenz: (Vorher-)Existenz Jesu Christi vor seiner Menschwerdung. Die Lehre von der Präexistenz Jesu sagt aus, daß das Heil der Menschen nicht aus der menschlichen Geschichte abgeleitet werden kann, sondern im ewigen Gott selbst gründet.

Rabbi; Raw: Im Talmud und im Neuen Testament bedeutet der Begriff Meister oder Lehrer. Die Anrede Rabbi entwickelte sich in der Folge zu einem Ehrentitel, den die palästinischen Gesetzeslehrer seit dem Ende des ersten nachchristlichen Jahrhunderts führten. Die großen jüdischen Lehrer der Vergangenheit werden *Rabbinen* genannt, während mit *Rabbiner* die jüdischen Religionsdiener (Vorsteher einer Gemeinde) bezeichnet werden, deren Stellung in etwa der eines Pfarrers oder eines Predigers in protestantischen Freikirchen vergleichbar ist.

Reformierte: Mitglieder der Reformierten Kirchen, die aus der Reformation Zwinglis und Calvins hervorgegangen und seit 1877 zum Reformierten Weltbund zusammengeschlossen sind. ↗Lutheraner.

Soteriologie: Die Lehre von der Erlösung der Menschheit durch Jesus Christus.

Sunniten: Etwa 90% aller Muslime sind Sunniten. Sie bilden diejenige Richtung innerhalb des Islams, die bei der »sunna« (Überlieferung) bleiben will. Von ihnen trennten sich im Jahre 660 die *Schiiten* (schia = Sekte, Partei), welche 'Alī, den vierten Kalifen und seine Nachkommen aus der Ehe mit der Prophetentochter Fāṭima, als die allein berechtigten Leiter der islamischen Gesamtgemeinde anerkannte.

Syllabus: ↗Modernisus.

Synode: Ursprünglich gleichbedeutend mit Konzil; im abgeleiteten Sinn eine Versammlung von qualifizierten Mitgliedern einer Ortskirche unter Leitung des Bischofs (Diözesansynode). Seit 1965 kennt die atholische Kirche die Bischofssynode, welche alle zwei bis drei Jahre zusammenkommt und vorwiegend aus Vertretern der nationalen Bischofskonferenzen besteht.

Synoptiker: Bezeichnung für die Evangelisten Matthäus, Markus und Lukas, deren Evangelien einander weitgehend entsprechen und daher eine Synopse (Zusammenschau) erlauben.

Tora: Hebräischer Ausdruck für »Weisung«, »Gesetz«. Bezeichnet im antiken Judentum im engeren Sinn die fünf Bücher Mose (Genesis, Exodus, Levitikus, Numeri, Deuteronomium), im weiteren Sinn das ganze Alte Testament, und häufig auch das ganze jüdische Religionsgesetz.

Transzendenz: Das, was die Grenze der Erfahrung und der Vorstellungskraft übersteigt. Die Rede von der Transzendenz Gottes meint seine Welt-Jenseitigkeit oder Welt-Verschiedenheit: Gott ist stets größer, als alles, was der Mensch von ihm denken und über ihn sagen kann.

Trinität: Gottes Dreieinigkeit oder Dreifaltigkeit (»ein Gott in drei Personen«). In der *ökonomischen* (heilsgeschichtlichen) *Trinitätstheologie* richtet sich das Interesse auf Gottes Heilshandeln in der Geschichte, während die *immanente Trinitätstheologie* sich mit dem »Innenleben« Gottes, d. h. den Beziehungen zwischen den drei göttlichen Personen befaßt.

Zeittafel

JUDENTUM		CHRISTENTUM	ISLAM
1280–1180 v. Chr.	Auszug aus Ägypten; Mose; Landnahme unter Josua		
1180–1004	Richter, Samuel, Saul, Beginn der Monarchie		
1004–965	David		
965–926	Salomo; Reichsteilung		
722	Untergang des Nordreichs; Propheten: Hosea, Jesaja		
586–536	Erste Zerstörung Jerusalems, Babylonisches Exil. Propheten: Jeremia, Ezechiel. Kanonisierung des Pentateuchs		
520–420	Wiederaufbau des Tempels; Esra, Nehemia. Letzte Propheten: Haggai, Maleachi, Sacharja. Kanonisierung der prophetischen Schriften		
166–37	Makkabäeraufstand, Herrschaft der Hasmonäer. Beginn rabbinischer Schriftgelehrsamkeit. Verbreitung des Judentums durch Zerstreuung und Mission im ganzen Mittelmeerraum und Orient		

JUDENTUM		CHRISTENTUM		ISLAM
		ca. 7/6 vor bis 30 n. Chr.	Leben und Auftreten Jesu von Nazaret	
		ab ca. 32	Wirken und Missionsreisen des Apostels Paulus	
		um 48/49	›Apostelkonzil‹ in Jerusalem: Freiheit vom jüdischen Gesetz	
		um 64–67	Martyrium der Apostel Petrus und Paulus in Rom	
66–70	Aufstand gegen Rom; zweite Zerstörung Jerusalems			
70–135	Akademie in Jawne wird geistiges Zentrum des Judentums; Patriarchatsverfassung. Durchsetzung des Pharisäismus im rabbinischen Judentum. Bar-Koch-ba-Aufstand			
135–390	Sammlung, Fixierung und Redaktion der mündlichen Tradition: Redaktion der Mischna (ca. 200), des palästinischen Talmuds (ca. 390). Babylonien wird Mittelpunkt rabbinischer Schriftgelehrsamkeit	ca. 150	Abschluß der Entstehung des Neuen Testaments	
		3./4. Jh.	Zeit der großen Christenverfolgungen	
		313	Mailänder Edikt des Konstantin; Christentum erlaubte Religion	

JUDENTUM		CHRISTENTUM		ISLAM	
		380	Edikt des Theodosios: Christentum Staatsreligion		
		451	IV. ökumenisches Konzil in Chalkedon: Christus wahrer Gott und wahrer Mensch		
500	Redaktion des babylonischen Talmuds	um 480–547	Benedikt von Nursia: Begründer des abendländischen Mönchtums		
				um 570	Geburt Muḥammads
				um 613	Beginn seiner Sendung
				622	Emigration Muḥammads nach Medina (Hjjra)
				630	Eroberung von Mekka
				632	Tod Muḥammads
				632–661	Die vier ›rechtgeleiteten‹ Kalifen (Abu Bakr, Omar, Othmán und Ali)
				635	Eroberung von Damaskus
				638	Eroberung Jerusalems
				639–642	Eroberung Ägyptens und Persiens. Anfang der Eroberung Nordafrikas
				661–750	Das umaiyadische Kalifat

JUDENTUM		CHRISTENTUM		ISLAM	
				711–714	Eroberung Spaniens. Überquerung des Jaxartes (heute: Syr-Darya). Einfall in das Industal
				732	Schlacht von Poitiers
				750–1258	Das abbasidische Kalifat
		754	Pippinische Schenkung: Anfänge des Kirchenstaates		
				756	Die Umaiyaden in Spanien
				762	Gründung von Bagdád
				786–809	Herrschaft des abbasidischen Kalifen Harún ar-Raschíd in Bagdád
		800	Kaiserkrönung Karls des Großen: Anfang des Heiligen Römischen Reiches Deutscher Nation		
				909	Fatimidisches Kalifat in Nordafrika
				929	Der spanische Umaiyade Abd ar-Rhamán III. nimmt den Kalifentitel an
1000	Niedergang der Akademien im Orient; Verlagerung der geistigen und materiellen Zentren nach Europa			973–1171	Die Fatimiden in Ägypten

JUDENTUM		CHRISTENTUM		ISLAM	
		1054	Endgültiges Schisma zwischen Ost- und Westkirche		
		1077–1122	Investiturstreit: Auseinandersetzung um die Freiheit von Kirche und Reich		
		1096–1270	Zeitalter der Kreuzzüge	1096–1099	Erster Kreuzzug
				1099	Die Kreuzfahrer erobern Jerusalem
12./13. Jh.	Blüte des jüdischen Geisteslebens in Spanien und Frankreich. Judenverfolgungen in Frankreich, England und Deutschland führen zum Niedergang bedeutender jüdischer Gemeinden.			1187	Rückeroberung Jerusalems durch Saladin
				1212	Schlacht von Las Navas de Tolosa; Beginn des Niedergangs der islamischen Herrschaft auf der iberischen Halbinsel
		1215	IV. Laterankonzil: Höhepunkt päpstlicher Machtentfaltung		
				1258	Eroberung Bagdáds durch die Mongolen. Ende des abbasidischen Kalifats
		1309–1377	›Babylonische Gefangenschaft‹ der Päpste in Avignon		
		1378–1417	Abendländisches Schisma		

JUDENTUM		CHRISTENTUM		ISLAM	
				1453	Ende des byzantinischen Reiches; Konstantinopel wird von den Osmanen erobert.
1492–1497	Vertreibung der Juden von der iberischen Halbinsel			1492	Fall des Königreiches von Granada. Ende der islamischen Herrschaft in Spanien
		1517	Ablaßstreit und Beginn der Reformation durch Martin Luther		
		1522	Reformation in Zürich durch Zwingli		
		1536–64	Reformation in Genf durch Calvin		
		1545–63	Konzil von Trient: Abgrenzung gegen Reformation, und Selbstreform der katholischen Kirche		
		1555	Augsburger Religionsfrieden		
1564	Joseph Karo veröffentlicht den »Schulchan Arukh«, eine Kodifizierung des jüdischen Ritualgesetzes, die bis in die Gegenwart verbindlich bleibt.				

JUDENTUM		CHRISTENTUM		ISLAM	
Ende des 18. Jh.	Beginn der jüdischen Aufklärungsbewegung			1798	Napoleon in Ägypten. Erste Kontakte mit europäischer Wissenschaft
19. Jh.	Emanzipation und (relative) bürgerliche Gleichstellung der Juden in den meisten Staaten West- und Mitteleuropas; jüdische Reformbewegung	1869–70	I. Vat. Konzil: Primat und Unfehlbarkeit des Papstes	2. Hälfte 19. Jh.	Schwächung des Osmanenreiches; Gründung von Kolonien und Protektoraten auf islamischem Gebiet (Indien, Ägypten, Nordafrika)
		1875	Gründung des Reformierten Weltbundes		
1917	Balfourdeclaration: England verspricht während des Weltkrieges den Menschen jüdischen Glaubens eine »nationale Heimstätte« in Palästina			1917	Balfourdeclaration
		1927	Erste Weltkirchenkonferenz »Faith and Order« in Lausanne		
1940–45	Etwa 6 Millionen europäische Juden werden in den von Nazi-Deutschland besetzten Gebieten in Massenvernichtungslagern umgebracht				
		1947	Gründung des Lutherischen Weltbundes		

JUDENTUM		CHRISTENTUM		ISLAM
1948	Gründung des Staates Israel	1948	Erste Vollversammlung des Ökumenischen Rates der Kirchen in Amsterdam	
		1961	Erste panorthodoxe Konferenz auf Rhodos	
		1962–65	II. Vatikanisches Konzil: Innere Erneuerung und ökumenische Öffnung der katholischen Kirche	

Aus: E. Brunner-Traut (Hrsg.), Die fünf großen Weltreligionen, Herder Verlag, Freiburg i. Br. [13]1985, S. 87, 108, 131.